AF453354

L'ARCHITECTURE

MODERNE

EN ANGLETERRE

L'ARCHITECTURE

MODERNE

PAR

PAUL SÉDILLE

Architecte du Gouvernement

Membre honoraire correspondant du Royal Institute of British Architects

AVEC DE NOMBREUX DESSINS DANS LE TEXTE

PARIS

Rue de Lille, 7

M DCCC XC

A SIR FREDERICK LEIGHTON

BARONET

PRÉSIDENT DE LA ROYAL ACADEMY OF ARTS A LONDRES

HOMMAGE EMPRESSÉ

P. S.

A SIR FREDERICK LEIGHTON

BARONET

PRÉSIDENT DE LA ROYAL ACADEMY

Cher Maître et très honoré Président,

En vous priant d'accepter la dédicace de cette étude sur l'Architecture moderne en Angleterre, je suis heureux de mettre en tête de mon livre le nom du grand artiste appelé par la haute estime de ses confrères à la présidence de la Royal Academy.

Pour rendre hommage à tous les artistes anglais je ne pouvais mieux faire que d'offrir ce volume à celui qui les représente si glorieusement. C'est qu'en étudiant les édifices modernes de l'Angleterre, je n'ai pu détourner mon attention de l'ensemble des œuvres d'art qui témoignent du génie du peuple anglais et caractérisent son sentiment artistique. Ce que j'ai voulu, c'est précisément mettre en valeur les qualités spéciales qui lui sont propres et que l'on connaît insuffisamment à l'étranger. Les circonstances m'ont conduit à faire de nombreux voyages dans votre intéressant pays, et, peu à peu, inconsciemment, j'ai été de plus en plus charmé, séduit par les monuments et les œuvres d'art modernes que j'avais l'occasion d'examiner. C'est donc par une sorte d'entraînement admiratif bien sincère que je me suis plu à réunir sous la forme d'une étude générale les impressions et les notes nombreuses recueillies sur place.

J'ai cherché à expliquer l'état présent de vos tendances en remontant aux origines des courants actuels. C'était, par suite, présenter un rapide résumé de l'histoire de l'Architecture anglaise depuis plusieurs centaines d'années.

J'espère que ce travail, si incomplet qu'il soit, ne sera pas sans profit, et qu'à ma suite quelques-uns, plus curieux que leurs devanciers, utiliseront ces premiers documents pour approfondir plus sérieusement l'histoire de l'Art dans votre pays.

J'aurai toutefois la grande satisfaction d'avoir un des premiers, à l'étranger, mis en lumière les travaux si remarquables de mes confrères anglais et de leur avoir rendu l'éclatant hommage qu'ils méritent.

PAUL SÉDILLE

L'ARCHITECTURE MODERNE

EN ANGLETERRE

O ne saurait juger l'architecture moderne en Angleterre seulement d'après ce qu'elle était au commencement de ce siècle, ou même d'après les productions plus récentes de sa Renaissance gothique. L'architecture anglaise subit aujourd'hui une phase sérieuse de transformation. Les industries d'art, — qui reflètent fidèlement les différents états de l'architecture dans un pays, — sont depuis un certain nombre d'années, on le sait, en grand progrès de l'autre côté du détroit. De même l'architecture anglaise, sans abandonner les principes de construction raisonnée et sincère de ses édifices gothiques modernes, semble chercher des formes d'art plus souples, plus familières, en quelque sorte, par suite plus en harmonie avec les goûts et les mœurs du temps présent.

Aussi, pour bien comprendre les évolutions successives de cette architecture depuis la fin du dernier siècle, il n'est pas inutile de rappeler ici rapidement ses différentes périodes dans le passé.

I

On sait que la période dite gothique a duré beaucoup plus longtemps en Angleterre que dans les pays du continent. Succédant, — après un certain temps d'art indéterminé, — au style normand introduit vers 1060 par Édouard le Confesseur à Westminster Abbey, l'architecture gothique, baptisée des noms suivants [1] : Transition, de 1154 à 1189; — Early English, de 1189 à 1297; — Decorated English, de 1297 à 1382; — Perpendicular English, de 1382 à 1550; — l'architecture gothique trouve sa dernière expression dans le style Tudor (ou *Florid English*), avec lequel se multiplie l'arc surbaissé à quatre centres qui bientôt va détrôner l'ogive [2].

L'envahissement de la forme par la décoration caractérise les styles Perpendiculaire et Tudor. Cependant on leur doit encore des chefs-d'œuvre, tels que la chapelle de Henri VII à Westminster, celle du King's College à Cambridge et le développement de ces belles voûtes en éventails, dites « Fan Vaults », dont l'élément

1. D'après la nomenclature de Thomas Rickman.
2. L'arc surbaissé à quatre centres apparaît déjà après le règne de Richard II, c'est-à-dire à la fin du XIVe siècle.

premier se trouve dans les cloîtres de Gloucester. Le Gothique anglais, alors dévoyé de ses principes naturels, allait succomber à son
tour, comme l'art du moyen âge en France et en Allemagne, épuisé
de sève inventive, incapable de se renouveler plus longtemps.

Le style Tudor (1490-1558) désigne plus particulièrement l'ar

chitecture civile de l'époque, car les monuments religieux devaient
longtemps encore conserver le caractère traditionnel et hiératique
du moyen âge. Le style Tudor se continue jusqu'au règne d'Elizabeth. A ce moment le style dit Elizabethan se pare des formes
nouvelles empruntées à la Renaissance classique.

En effet, bien que dès 1519 Henri VIII eût fait venir le sculpteur florentin P. Torregiano pour lui confier le tombeau de

Henri VII à Westminster, et malgré quelques autres travaux exécutés par des étrangers, c'est à partir de la seconde moitié du XVIe siècle seulement que l'on peut réellement dater le commencement de la Renaissance anglaise. A ce moment les éléments classiques apparaissent dans les compositions architecturales. Rapportés d'Italie par John Shute, architecte de la reine Élizabeth, et importés des pays plus voisins, depuis longtemps déjà dominés par les souvenirs de l'antiquité, ils sont alors en faveur surtout à la cour et dans les palais de l'aristocratie.

Mais ces éléments ne sont encore appliqués que comme détails à des ensembles qui conservent les dispositions des époques antérieures. Ce n'est qu'une superposition, un décor nouveau qui pare une structure ancienne ainsi que dans l'église Saint-Eustache, à Paris, où ces éléments classiques sont employés en dehors des règles et de leurs proportions consacrées et sans souci de la logique des formes.

L'intérieur du Great Hall de Charterhouse, à Londres, passe pour un parfait modèle du style Elizabethan, qui se poursuit jusqu'à la fin du XVIe siècle.

A ce moment, c'est-à-dire à partir de l'avènement de Jacques Ier (1603), le classique italien s'affirme davantage par l'introduction des ordres réguliers dans les édifices et va bientôt triompher des dernières influences du moyen âge agonisant.

L'architecture alors appelée Jacobœan et quelquefois aussi Écossaise, en honneur sans doute de l'Écosse réunie à l'Angleterre par Jacques Ier, n'est en somme que le développement du style Elizabethan. L'« Heriot's hospital », à Édimbourg, érigé sur les dessins d'Inigo Jones par John Mylne (4e architecte de cette famille qui a rempli l'Écosse de ses travaux), peut être considéré comme un type de la Renaissance dans ces pays éloignés.

GREAT HALL.

Composition par feu A. Welby Pugin.

D'ailleurs, les châteaux de Longleat (Wiltshire), de Knowle (Kent), de Kirby Hall et Burleigh (Northampton) et d'Audley End, par John Thorpe; — ceux de Wollaton (Nottingham) et Bolsover Castle (Derbyshire), par Smithson; — puis ceux de Penshurst (Kent), de Brereton Hall (Cheshire), de Hardwick Hall (Derbyshire), de Hatfield (Hertfordshire); — les travaux d'Inigo Jones à Aston Hall (Warwickshire), à Chiswick (près de Londres), Amesbury et Wilton (Wiltshire), où il éleva des résidences importantes; — et surtout Holland House, construite en 1624 à l'ouest de Londres, par le même John Thorpe cité plus haut [1], l'un des architectes les plus célèbres du temps, tous ces ouvrages caractérisent les styles Elizabethan et Jacobœan, et marquent leurs développements successifs et leurs transformations.

Mais il convient aussi de rechercher la Renaissance anglaise, depuis ses origines jusqu'à son entier développement sous Jacques Ier, dans les célèbres collèges d'Oxford et de Cambridge, où l'une des portes du Cajus College, — *Gate of Honour*, — par Théodore Hove ou Havenius de Clèves, passe pour un des plus anciens essais d'implantation des formes classiques en Angleterre.

Toutefois, cette grande rénovation de formes ne se fit pas sans une sorte de résistance de la part des partisans des vieilles traditions. Ainsi nous voyons Inigo Jones [2] lui-même, appelé depuis le Vitruve anglais, et qui allait être le plus ferme champion de l'art nouveau, nous le voyons, malgré un premier voyage en Italie, rester gothique en construisant le côté nord sur le jardin du « Saint-John's College » à Oxford. Il est vrai qu'il travaillait pour l'archevêque

---

1. Les architectes anglais ne sont pas d'accord sur quelques-unes de ces attributions. Aussi ne pouvons-nous nommer les auteurs de ces premiers essais de la Renaissance anglaise que sous réserve de discussions et de documents ultérieurs.

2. Né en 1572, mort en 1652.

TRÔNE ÉPISCOPAL. — CATHÉDRALE DE CORK (IRLANDE).

(Feu W. Burges, architecte.)

Laud, peu soucieux des idées nouvelles auxquelles l'Angleterre devait la Réforme religieuse, et qui, durant son épiscopat, contribua de ses deniers à la construction de plusieurs églises suivant les modes anciens.

Ce n'est qu'à la suite d'un second voyage en Italie, ce n'est qu'après avoir étudié Palladio à Vicence, qu'Inigo Jones fut désormais acquis au classique moderne et qu'il continua en style italien les faces nord-est et sud du Saint-John's College.

On le vit alors commencer en 1619, pour Jacques Ier, les travaux, bientôt interrompus par les guerres civiles, de cette somptueuse résidence de White Hall, dont la salle des banquets (banqueting-house), aujourd'hui transformée en chapelle royale, est la seule partie achevée. Cette construction, d'aspect noble et puissant, inspirée par les plus beaux édifices vénitiens du Sansovino, est le meilleur titre de gloire d'Inigo Jones et influença d'une façon irrésistible l'architecture anglaise de cette époque.

La Renaissance classique était désormais consommée en Angleterre. Aussi, lorsque, en 1633, Inigo Jones fut chargé de restaurer le vieux Saint-Paul incendié en 1561[1] et tombant en ruines, il n'hésita pas à dissimuler les débris de l'ancienne cathédrale sous les formes les plus classiques et à lui donner pour entrée un portique corinthien certes peu justifié malgré sa magnificence. Mais cette restauration par superposition ne devait pas être de longue durée : elle menaçait déjà ruine quand le grand feu de Londres, en 1666, vint anéantir définitivement les restes de l'antique édifice avec les transformations d'Inigo Jones.

---

1. Cet incendie, qui s'alluma dans les combles de l'édifice, détruisit en quatre heures tout ce qui était combustible, y compris une flèche en bois et plomb, haute de 162 mètres. De telle sorte que le corps même du monument, écrasé sous les décombres et ruiné, fut abandonné en cet état pendant soixante-douze an-

De ce grand incendie, — qui consuma 87 églises et plus de 12.000 maisons — date une nouvelle phase de l'architecture en Angleterre. La reconstruction de la plus grande partie de la ville, vers l'est, allait mettre en lumière le génie de Sir Christopher Wren.

II

Son rôle comme architecte fut tellement prépondérant à cette époque qu'il est intéressant d'expliquer par quel concours de circonstances Wren devint presque tout d'un coup l'arbitre de l'art en Angleterre.

Il était né en 1632. A cette époque, la Renaissance anglaise, qui ne datait que de la seconde moitié du siècle précédent, était encore dans son plein développement, tandis qu'à Rome la décadence s'affirmait dans les œuvres du Bernin.

Le père de Christopher Wren, pasteur dans un pays du Wiltshire, devint plus tard doyen de Windsor. C'était un homme des plus distingués comme savant et lettré. Il avait en outre quelques connaissances en architecture, car alors les principes de cet art en faveur étaient fort répandus chez tous les gens de bonne éducation. Ils ne dédaignaient pas d'étudier Vitruve, les traités de Vignole et de Palladio, et les livres de Philibert de l'Orme sur l'architecture, traduits en anglais.

Le jeune Wren montra tout de suite qu'il était d'une intelligence apte à tout embrasser et à tout comprendre. A treize ans il inventait un appareil astronomique, et, quelques années plus tard, il perfectionnait le baromètre. Après avoir complété ses études à Oxford, il était, à vingt-cinq ans, nommé professeur d'astronomie au Gresham

College. Passionné pour les mathématiques, il étudiait en même temps Vitruve avec l'énergie qu'il apportait en toutes choses, malgré un tempérament délicat; si bien qu'il acquit bientôt à Oxford une réputation spéciale pour ses connaissances théoriques en architecture. Inigo Jones était mort ne laissant derrière lui personne capable de le remplacer. En 1652, Wren, servi par sa jeune renommée, fut adjoint au surveillant général des travaux de la couronne et chargé de continuer les réparations entreprises par Inigo Jones pour relever les ruines du vieux Saint-Paul incendié.

En 1664, Wren, chargé de la construction du théâtre Scheldonïan à Oxford, témoigna de ses remarquables facultés de constructeur en couvrant, par une savante charpente en bois, la vaste salle de ce théâtre.

Mais, comprenant l'insuffisance de ses études artistiques, il résolut de visiter la France et passa un temps considérable à Paris, étudiant ses principaux monuments et particulièrement le Louvre. C'est qu'à ce moment toute l'attention publique était captivée par l'arrivée du cavalier Bernin, mandé de Rome par Louis XIV, qui voulait lui confier la construction de la grande façade à l'est de la cour du palais.

Précédé d'une immense réputation, comblé d'honneurs à Paris, le fameux architecte italien devait en imposer à l'imagination de Wren. Celui-ci s'empressa auprès du Bernin, pour connaître les projets conçus par lui pour cette grande façade, qui cependant, après toutes les vicissitudes que l'on sait, devait être élevée par Claude Perrault.

Malgré l'exagération d'une composition ampoulée et la fausse grandeur des détails, il semble que les projets du Bernin firent grande impression sur l'esprit de Wren, si l'on en juge par ce qu'il écrivait à un ami :

WYFOLD COURT — OXFORDSHIRE. (Feu G. Somers Clarke, architecte.)

Pour le dessin du Bernin, je donnerais ma peau, mais le vieil Italien ne m'en a permis que la vue!... Je n'ai eu que le temps de le mettre dans ma tête et dans ma mémoire, mais je pourrai, par la parole et le crayon, vous en donner une idée suffisante.

Dans une autre lettre il dit :

Pour ne pas perdre mes impressions sur les monuments que j'ai étudiés, je rapporterai toute la France sur le papier.

Il se proposait de visiter l'Italie, mais il en fut empêché et retourna en Angleterre au commencement de l'année 1666.

C'est donc en France que Wren vint chercher les inspirations qu'il allait bientôt mettre à profit dans ses vastes travaux. Mais, il faut le reconnaître, ce ne sont pas les œuvres de notre Renaissance, ce n'est pas le Louvre de Pierre Lescot et de Lemercier, les Tuileries de Philibert de l'Orme, qui l'ont influencé, mais bien l'architecture en faveur à cette époque et qui se ressentait déjà de la décadence italienne. Architecture d'apparat, grandiose assurément, mais sacrifiant l'art à l'effet et dont certains types ont été importés d'Italie en France par les Jésuites. A considérer les œuvres de Wren, il est peu douteux, par exemple, que l'église Saint-Paul-Saint-Louis, récemment construite rue Saint-Antoine, n'ait été un des monuments qui attirèrent son attention; et, s'il ne put aller jusqu'en Italie, il reste certain qu'il connut par les dessins les œuvres de Bernin, qui doit être considéré comme le véritable inspirateur des conceptions de Wren.

Quoi qu'il en soit, les événements allaient singulièrement favoriser le jeune architecte. A peine de retour dans sa patrie, l'immense incendie de Londres créait des monceaux de ruines. Wren

LE TOWN HALL (HÔTEL DE VILLE) A MANCHESTER.

M. Waterhouse, R. A., architecte.)

présenta aussitôt un plan pour la reconstruction de la Cité : il ne put réussir à le faire adopter, malgré ses mérites certains, parce que trop d'intérêts particuliers se trouvaient lésés par sa vaste conception qui, de toutes pièces en quelque sorte, créait une ville nouvelle. Mais, bientôt nommé « surveyor general » des travaux de la nouvelle ville, il entreprit la reconstruction de nombreuses églises paroissiales en même temps qu'il préparait les plans du nouveau Saint-Paul qu'il devait commencer en 1675.

On a peine à concevoir la somme considérable de travaux exécutés par Wren, pendant une période de trente à quarante ans ; on admire véritablement sa puissance supérieure de création et de direction quand on voit avec quelle sûreté il conduisit tout à bien, malgré quelques défaillances inévitables au cours d'un si long labeur[1].

Nous regrettons de n'avoir pas ici le loisir d'apprécier Saint-Paul, ce monument grandiose, qui a suffi pour immortaliser le nom de Wren. A plus forte raison, nous ne pouvons détailler ces nombreuses églises, plus de cinquante, qui, dans la Cité rebâtie, comme des satellites, dressent leurs clochers en pyramides autour du monument géant.

Il suffit de rappeler ce vaste ensemble de monuments pour expliquer comment Wren put, pendant sa seconde carrière, renouveler pour ainsi dire l'architecture anglaise. Certes son style se ressent

---

1. Il faut remarquer, toutefois, que, si Wren fut servi d'une façon exceptionnelle par les circonstances, il fut de même bien secondé par une armée d'ouvriers et d'entrepreneurs naturellement préparés pour comprendre et traduire ses plans. Tous, en effet, pénétrés des formes classiques alors à la mode, élevés dans certaines traditions de construction qu'on n'essayait pas de modifier, tous à la suite du maître poursuivaient un même but, devinant sa pensée, interprétant ses projets, sans cette préoccupation de nouveauté, sans ce souci des influences étrangères multiples qui troublent l'architecte moderne et déroutent l'ouvrier, qu'il faut sans cesse façonner à des modes d'exécution différents.

LA CHAPELLE DU KEBLE COLLEGE A OXFORD

M. W. Butterfield, architecte.

d'une époque générale de décadence et les œuvres qu'il a laissées ne sont pas toutes d'un goût recommandable, mais on ne saurait tout au moins leur contester un caractère de puissance et de grandeur dont Saint-Paul reste la manifestation éclatante.

Dès la mort de Wren, en 1723, la décadence monumentale s'accentue dans les œuvres de Sir John Vanbrugh, de Nicolas Hawksmoor, de Colin Campbell, de William Kent et de James Gibbs dont l'église Saint-Martin, Trafalgar square, dont la Radcliffe library à Oxford, ne sont qu'une continuation affaiblie du style de Wren.

Pendant ce temps l'architecture domestique se transformait; elle se faisait plus modeste et prenait ce caractère de simplicité intime, aujourd'hui très apprécié, auquel on doit la nouvelle Renaissance qui vient de supplanter le gothique moderne en Angleterre. Nous aurons plus tard à expliquer cette transformation actuelle du goût chez nos voisins. Aussi devons-nous dès à présent insister sur le caractère de l'architecture civile et domestique pendant une période qui commence avec le XVIII° siècle, moment où la reine Anne monte sur le trône, et se continue sous les règnes de George Ier et de George II.

A cette époque l'architecture n'était appelée que pour la construction des châteaux, des édifices ou des monuments publics. Les habitations privées, même celles d'une certaine importance, restaient aux mains de simples entrepreneurs qui construisaient en briques, sans luxe, mais avec soin. Une corniche à modillons, de style classique, faite en bois et peinte en blanc, couronnait les façades. Les fenêtres étaient encadrées dans des châssis en bois à fleur du mur extérieur et peints également en blanc. Quelquefois des guirlandes ou quelques autres ornements rapportés sur la brique enrichissaient les façades. Sir Christopher Wren avait donné un premier exemple de ce mode de décoration sur la façade de la terrasse et dans la cour dite de la Fontaine au palais d'Hampton-Court. L'ornementation intérieure était cherchée dans le genre Louis XIV.

Mais, tandis que l'architecture domestique, conservant les traditions du pays, utilisant les ressources locales, se résumait dans les villes en de simples façades en briques égayées par des bois peints en blanc et faisait, à la campagne et dans les comtés, grand emploi des pans de bois apparents, l'architecture officielle continuait à s'inspirer de l'art italien. — comme en témoigne le beau palais de Somerset-house construit de 1775 à 1785, sur les bords de la Tamise, par Sir William Chambers.

III

Cependant l'architecture anglaise allait se transformer à nouveau en puisant à des sources jusqu'alors inconnues.

Vers 1750, les frères Adam visitent longuement l'Italie ; ils vont jusque sur les côtes de la Dalmatie pour y relever les ruines du palais de Dioclétien à Spalato. Voyageurs et avides d'inconnu comme tous leurs compatriotes, Dawkins et Wood poussent au delà : ils étudient les premiers les ruines de Palmyre et de Balbeck. Chandler et Pars parcourent l'Asie Mineure, tandis que James Stuart et Nicolas Revett, soutenus par la Société des Dilettanti, relèvent les monuments de l'Attique. Mais, si quelques artistes et quelques dilettanti pouvaient s'intéresser à ces expéditions lointaines et aux ruines à peine entrevues de l'art grec, le public anglais était plus disposé à comprendre l'art romain, auquel il était préparé par le classique italien de la Renaissance. Aussi les innovations des frères Adam, de retour à Londres, furent-elles accueillies favorablement, et bientôt leurs premiers travaux trouvèrent de nombreux imitateurs.

La mode fut alors à ces colonnades ininterrompues, à ces prétendus temples et monuments antiques construits le plus souvent en matériaux médiocres dissimulés par des enduits de stuc. Abritées ainsi sous une même architecture fausse et prétentieuse, les maisons réunies en un seul bloc prenaient des apparences de palais. Telles se présentent Adelphi-terrace et les rues voisines construites par les frères Adam, ainsi que Fitzroy-square ; puis encore Carlton-house-terrace, Hanover-terrace, et toutes les constructions ultérieures de Regent's-street et de Regent's-park, qui firent plus tard la renommée des architectes John Nash, Decimus Burton, Holland, etc., de 1800 à 1820[1].

A l'intérieur des maisons-palais des frères Adam, qui représentent les habitations somptueuses du temps, les murs, les corniches, les plafonds, se décorent de frises, de rinceaux, de palmettes, empruntés aux décorations pompéiennes, alors dans tout le prestige de leur nouveauté. Par suite de cette transformation du goût, les modestes mais gracieuses constructions en briques du commencement du XVIIIe siècle sont abandonnées. On construit encore, il est vrai, des rues entières en briques, comme Harley-street et Gower-street, mais cela sans agrément, sans décoration, pas même une corniche pour abriter la nudité des murs lisses.

Bien que la fin du XVIIIe siècle et le commencement du XIXe

1. Il ne faut pas cependant confondre les œuvres des frères Adam et celles des Nash, Holland, etc. Les frères Adam ont construit en pierre Fitzroy-square ; Adelphi-terrace est en briques avec pilastres et corniches en pierre. Ces édifices ont été élevés de 1760 à 1785. Par contre, les travaux de Nash et de Holland, qui datent de 1800 à 1820, sont tous recouverts de stuc et accusent une décadence complète comme architecture et comme construction.

MAISON A CHESTER (STYLE ANCIEN).

(M. John Douglas, architecte.)

marquent le point le plus bas de la décadence architecturale en Angleterre, on peut encore citer des édifices de quelque valeur : la prison de Newgate, par George Dance, 1770; la Banque d'Angleterre, par Sir J. Soane, 1788; quoique ce dernier édifice semble déjà, par certaines prétentions au style grec, appartenir à la nouvelle série d'édifices inspirés par les études de W. Stuart et de Nicolas Revett.

Dès 1762, en effet, ils publiaient leur premier volume sur les antiquités d'Athènes. Malgré l'appui et le zèle des « Dilettanti », les trois volumes de Stuart et Revett ne purent imposer tout de suite le style grec aux constructions anglaises. Ces livres et l'architecture qu'ils voulaient remettre en honneur soulevèrent de nombreuses polémiques et furent particulièrement combattus par Sir W. Chambers. L'architecte du beau palais de Somerset-house restait fidèle à l'architecture romaine et insinuait, dans un traité sur la question publié en 1791, « que le Parthénon gagnerait beaucoup, quant à la beauté, si on y ajoutait un campanile ». Mais les marbres admirables de Phidias arrachés au Temple de Minerve par lord Elgin de 1801 à 1803, et transportés à Londres, allaient exciter une passion irréfléchie des formes grecques.

L'influence des frères Adam s'était exercée pendant un demi-siècle, de 1750 à 1808; Nash, Decimus Burton et d'autres avaient continué leur rénovation antique romaine jusque vers 1820. De cette époque date l'avènement du style grec dans la plupart des édifices civils et dans la grande majorité des constructions privées, sauf exceptions que nous signalerons plus loin. En effet, nous allons entrer dans une période toute moderne de recherches et d'éclectisme qui va mettre en présence bien des théories différentes et provoquera ce qui fut appelé en Angleterre la *Bataille des styles*.

Nous déterminerons ces divers courants d'opinion et classerons les monuments qui en ont été la suite. Pour le moment, il convient de reprendre la période grecque à ses débuts.

MAISON A LONDRES, SAINT-BRIDE STREET
M. Cocatt, architecte

La passion est le plus souvent exclusive. Aussi, sans tenir compte du climat, du milieu, des besoins modernes, les architectes et les

« Dilettanti » prétendirent transporter tout d'une pièce les monuments de l'Attique sur le sol anglo-saxon. Nous trouvons le premier essai important de cette implantation dans l'église Saint-Pancras, élevée à Londres en 1819 par W. Inwood, qui avait visité la Grèce. Aussi voyons-nous, en avant du monument, le portique ionique de l'Érechthéion : à droite et à gauche, des appendices avec les dispositions et les cariatides du Pandrosium ; puis, dominant le fronton grec du portique, une tour octogonale à deux étages d'ordres et de motifs empruntés à la tour des Vents et au monument choragique de Lysicratès.

Dans le même ordre d'idées, il faut citer le portique ionique servant d'entrée à Hyde Park, par Decimus Burton (1825). Sur l'attique se développe une reproduction de la cavalcade de la Cella du Parthénon, sans doute pour annoncer Rotten-Row et les nombreux cavaliers qui fréquentent cette piste à la mode.

Nous ne saurions citer toutes les chapelles, toutes les églises auxquelles Saint-Pancras a servi de type, ni tous les édifices qui, prétendant au grec, n'ont été que des plagiats détestables de cet art admirable dans son esprit comme dans ses formes, mais auquel, en notre XIX siècle, on doit demander les principes de logique et de vérité qui sont sa raison d'être, et non des copies.

Cependant nous devons une mention spéciale aux beaux travaux de Sir Robert Smirke : le British-Museum (1823-26) et l'ancien Post-Office (1825-29), qui témoignent de sérieuses études et d'un grand art malgré des imitations un peu trop serviles. Nous devons aussi signaler les édifices construits par le professeur Cockerell, auquel le Musée Britannique doit les bas-reliefs du temple de Bassæ près Phigalée, en Arcadie. Le Collège des physiciens, dans Trafalgar-square, Hanover-chapel dans Regent's-street (1823-25), le Taylor Institute à Oxford, le Sun-fire office à Londres, sont des

œuvres qui attestent le talent ferme et le goût délicat de Cockerell.
Le Fitzwilliam-Museum de Cambridge par Basevi (1835) — Vesti-

LES NOUVELLES COURS DE JUSTICE A LONDRES.
Fragment. — Feu G.-E. Street, architecte.

bule par Cockerell — est encore un bel édifice qui, quoique corin-

thien, relève plus par les détails du style grec que du style romain [1].
Nous ne saurions goûter autant l'University College et la National
Gallery, construits par W. Wilkins entre 1827 et 1838. Ce sont
des compositions froides, de détails médiocres, sans grandeur,
malgré les dimensions, et dont les portiques corinthiens sont inutilement surmontés de petits dômes mesquins. On trouve partout en
Angleterre des témoins curieux de ce culte excessif pour l'antiquité grecque et romaine. Sur les hauteurs du Carlton Hill, au-
dessus d'Edimbourg, se dresse la silhouette d'un monument grec
inachevé; le Town Hall de Birmingham affecte la forme d'un
temple corinthien périptère sur un haut soubassement à bossages
rustiques; à Londres, l'entrée d'Euston-station rappelle les proportions géantes du temple d'Agrigente; les plus modestes maisons de ville et de campagne elles-mêmes étaient alors souvent
précédées d'un portique Pœstum en miniature.

Sans insister davantage sur les étrangetés de l'époque, nous
pourrions citer encore de nombreux monuments qui, dans un style
mixte, continuent le gréco-romain jusque vers 1845 et se recommandent par des qualités sérieuses. Mais nous avons hâte de donner ici à la Renaissance gothique. *The Gothic Revival*, la large
place qui lui appartient dans l'histoire de l'architecture anglaise au
XIXe siècle.

IV

Nous avons dit combien les traditions du moyen âge avaient été
tenaces en Angleterre. Pendant la période Elizabethan, dans les

---

1. Le « Conservative Club » dans Saint-James's-street est également l'œuvre
de Basevi et d'un autre architecte, Sydney Smirke.

districts ruraux, Shropshire, Cheshire, Stafford, les constructions
en bois conservaient les aspects anciens en dépit des superposi-

ÉGLISE DE SAINT-PIERRE A SAINT-LEONARD-SUR-MER.
(M. James Brooks, architecte.)

tions étrangères. D'ailleurs, le respect du passé, toujours si bien
implanté en Angleterre, devait sauver les vieux édifices de l'oubli.

Le *Monasticon anglicanum*, curieux recueil publié en trois volumes, de 1655 à 1673, par Sir William Dugdale, aidé de plusieurs antiquaires érudits, témoigne du culte que quelques-uns conservaient pour les œuvres du moyen âge. De plus, dans la construction de nombreux édifices religieux, les méthodes anciennes étaient restées en pratique. Il n'est donc pas surprenant que Wren, malgré ses études et ses préférences classiques, ait pu construire à Oxford l'entrée du Christ Church College, le Tom Tower, dans un style gothique très mélangé il est vrai, comme les tours de Westminster, qui lui sont attribuées et auxquelles les critiques n'ont pas été ménagées. Wren construisit encore à Londres Saint-Michael's (Cornhill), Saint-Alban's dans Woodstreet, Saint-Mary (Aldermary) et Saint-Dunstan's in the East dont la tour, achevée en 1699, fut considérée par les admirateurs de Wren comme « un chef-d'œuvre de construction, d'élégance et de beauté ».

Ces retours vers une architecture disparue furent moins fréquents pendant le XVIIIe siècle. Cependant les écrits et l'amour d'Horace Walpole pour le gothique ne sont pas étrangers au *gothic revival* du XIXe siècle. Entraîné par une passion irraisonnée, il transforma, de 1753 à 1776, sa résidence de Strawberry Hill en une agglomération de mauvaises copies, par fragments, des édifices anciens de l'Angleterre qui lui semblaient alors les plus beaux. A la même époque, un autre amateur, Batty Langley, ne désespérant pas d'accommoder le gothique au goût du jour, cherchait à établir cinq ordres gothiques suivant les préceptes classiques. Ces fantaisies, jointes à la nécessité de restaurer ou d'agrandir les anciens édifices, n'en contribuèrent pas moins à maintenir quelques-unes des traditions et des formes du passé. Ainsi, dans la deuxième cour, à Hampton-Court, la porte gothique date de 1732, règne de George II. En Écosse, le type ancien des vieilles résidences baro-

ÉGLISE DE LA SAINTE-TRINITÉ. — PRIVETT, HANTS.

(M. A.-W. Blomfield. M. A., architecte.)

niales était conservé. En même temps, des publications sur le moyen âge continuaient à maintenir l'attention du public sur ces époques éloignées. Aussi, comme nous l'avons fait pressentir plus haut, est-il curieux de voir, au commencement de ce siècle, certains travaux importants de style moyen âge s'élever en même temps que les colonnades et les temples antiques qui alors semblaient avoir la faveur de tous.

La construction la plus étonnante du temps fut Fonthill Abbey, élevée en 1796 près Salisbury, dont il venait de restaurer la cathédrale, par James Wyatt pour William Beckford. De nombreux voyages avaient donné le goût du gothique à ce riche amateur. Au milieu d'une bizarre réunion de bâtiments, on voyait s'élever une haute tour octogonale de 278 pieds, au sommet de laquelle un coche à six chevaux aurait pu monter, disait-on dans le pays, grâce à ses proportions colossales. Mais le tout, mal construit, devait s'écrouler peu après.

James Essex (mort en 1784) avait restauré précédemment les cathédrales d'Ely, de Lincoln, la chapelle du King's College, etc.

James Wyatt fut également chargé de nombreuses restaurations, parmi lesquelles la chapelle de Henri VII, à l'abbaye de Westminster, compte pour la meilleure. Mais, se permettant trop souvent d'innover, il assuma une lourde responsabilité devant les archéologues de son temps. John Carter se fit leur interprète indigné dans une suite de lettres célèbres qui sauvèrent beaucoup d'édifices des restaurations téméraires ou ignorantes.

Parmi les architectes qui s'essayèrent dans le style gothique, nommons encore William Atkinson, W. Wilkins, G. Dance, Smalman et A. Salvin habile dans l'architecture domestique; Edward Blore, dont les restaurations de Winchester et de Westminster furent alors appréciées: Savage, qui construisit Saint-Luke's

ENTRÉE DU MUSÉE D'HISTOIRE NATURELLE A LONDRES. (M. Waterhouse, R. A., architecte.)

à Chelsea, église importante, mais peu dans l'esprit moyen âge ; Smirke, qui éleva Eastnor Castle (Herefordshire) et Wilton Castle (Yorkshire) ; Wyatville, qui fit, de 1826 à 1829, de nombreuses additions au château de Windsor ; John Shaw, l'architecte de Saint-Dunstan's dans Fleet-Street et du Christ's-hospital ; puis Rickman, Carpenter, Talbot Bury, Ferrey : ces deux derniers élèves de Pugin le père, dont nous parlerons plus loin.

L'aspect des demeures seigneuriales de ce temps est lourd, avec des prétentions de château fort, ce qui a fait donner à cette architecture le nom de *castellated*. Dans un gothique plus riche et plus aimable, Porden élevait en 1803 Eaton-hall, près de Chester, pour le marquis de Westminster[1]. D'ailleurs l'influence de Sir Walter Scott commence à se faire sentir. Il est hors de doute qu'en exaltant les ruines historiques et les demeures féodales de la vieille Angleterre, cet écrivain patriote, très honoré dans son pays, a dû faire beaucoup pour le *gothic revival*. En même temps, nous approchons de sa période de complet épanouissement. Nous allons quitter celle des essais ignorants ou des plagiats habiles, appelée en Angleterre *præpuginesque*, pour une ère de complète émancipation dont le grand Pugin sera en quelque sorte l'initiateur.

V

Fils d'un Français réfugié en Angleterre pendant la Révolution, Augustus-Northmore-Welby Pugin naquit à Londres le 1er mars 1812. Son père, dessinateur et graveur d'architecture[2], utilisa les aptitudes et l'habileté naissante de son fils dans de nombreux

1. Ce château vient d'être complètement remanié par M. Waterhouse, R. A.
2. Il avait été employé par Nash.

relevés des plus beaux édifices gothiques de l'Angleterre et de la France, et particulièrement de la Normandie. Le jeune Pugin se familiarisa vite ainsi avec les formes et les procédés de construction du moyen âge. Mais sa nature aventureuse le détourna pendant quelque temps de ces études et des dessins qui lui étaient déjà demandés par l'industrie; il quitta tout pour la mer, qui devint quelque temps sa passion. Il fallut, pour le ramener à sa vraie profession, bien des mécomptes et une tempête qui le rejeta sur les côtes d'Écosse. Dessinateur et sculpteur d'architecture, il devint le précieux auxiliaire des architectes ses contemporains qui faisaient du gothique sans en connaître les détails. Poursuivant ses études sur le moyen âge, séparé par conviction de l'Église anglicane, fervent catholique romain, il se fit l'apologiste de l'architecture chrétienne, en même temps que, dans ses célèbres *Contrastes* (1836), il attaquait violemment les théories classiques. Écrivain plein de verve et d'humour, très habile illustrateur, ses nombreux livres eurent un plein succès. C'est à ce moment de sa vie qu'il fut appelé à prendre une large part aux travaux de reconstruction du palais de Westminster. Cette reconstruction est l'événement capital de la Renaissance du gothique en Angleterre.

Le vieux palais du Parlement avait été incendié dans la nuit du 16 octobre 1834. En 1835, la Chambre des communes décida de mettre au concours la reconstruction de l'édifice. Ce qui indique bien le retour de l'opinion à cette époque vers les formes moyen âge, c'est le style Perpendiculaire imposé aux concurrents. On avait hésité un instant entre le Perpendiculaire et le style Elizabethan; mais on trouva ce dernier trop entaché d'éléments étrangers, et on se décida pour le Perpendiculaire comme étant style national. Du reste, à ce moment, les études archéologiques ne remontaient pas jusqu'à l'ogival « pointed »: la chapelle du King's College était

considérée comme une des gloires du gothique : Bath-abbey et
Saint-George-chapel étaient plus appréciés que le chœur de la
cathédrale de Lincoln ou l'abside de Canterbury.

Le projet de Ch. Barry fut classé premier dans ce grand concours qui mit en présence 97 concurrents avec 1.500 dessins.
Ch. Barry était classique. Peu touché par le gothique français, il
avait étudié avec amour les monuments de la Renaissance italienne
dont il devait s'inspirer dans le beau « Travellers Club » de Pall
Mall dès 1832. Cependant, malgré son peu de sympathie pour le
moyen âge, Ch. Barry avait construit deux ou trois églises gothiques, et, de plus, il avait réédifié habilement en 1833, à Birmingham,
une école importante, la Grammar-school, fondée en 1552 par le
roi Édouard VI. Cela indique que dès cette époque il avait étudié
le style Perpendiculaire et qu'il était apte à le bien mettre en œuvre
dans le nouveau palais du Parlement. Toutefois l'aide de Pugin, qu'il
sut s'adjoindre dans cette vaste entreprise, lui fut d'un secours inap-
préciable, et l'on peut dire que, si la conception générale est l'œuvre
de Barry, les détails du décor extérieur et de l'ornementation intérieure sont en majeure partie dus au crayon du Pugin. Sa facilité
d'invention et de composition était extraordinaire, et les dessins
qu'il fit pour ce palais immense se comptent par centaines. Pugin
eut, par suite, une influence considérable sur les industries d'art
auxiliaires de ces grands travaux. Les vitraux de Hardman, les terres
émaillées de Minton, les décorations de Crace, sont pour beaucoup
sa création. En même temps la peinture et la sculpture décoratives
trouvaient sous sa direction l'occasion d'un déploiement inusité. En
réalité le goût public fut transformé par cette longue suite de travaux, et la Renaissance gothique, désormais prépondérante, cou-
vrit bientôt l'Angleterre de nombreux édifices inspirés par tous les
types religieux ou civils du moyen âge.

Bien que Sir Ch. Barry ait profondément modifié et amélioré son premier projet, soit pour répondre aux nombreuses critiques dont

SALLE ARABE DANS L'HABITATION DE SIR FRED. LEIGHTON, BARONET, P. R. A., A LONDRES.
M. G. Aitchison, A. R. A., architecte.

il fut naturellement l'objet, soit pour satisfaire à des besoins connus ultérieurement, on peut reprocher à son œuvre de n'être, en tant qu'architecture, qu'une sorte de paraphrase de la chapelle de Henri VII à Westminster et de celle du King's College à Cambridge. Le style Perpendiculaire, très chargé de détails qui en font le principal mérite et le charme, ne gagne ni par la répétition infinie ni par le développement exagéré des dimensions. Certainement le nouveau Parlement présente de puissantes masses et de grandes lignes; mais, par la petitesse et la multiplicité du détail, l'ensemble est gris et les formes particulières sont peu lisibles à distance. Faire un grand monument en prenant pour point de départ une petite architecture est tâche difficile. Si les hautes tours qui dominent l'édifice en silhouettent la masse, les différentes façades se succèdent semblables à elles-mêmes, sans que l'abondance des ornements puisse en animer la monotonie. Aussi, — contrairement à l'opinion même de l'architecte, qui croyait son monument plus admirable de près, — l'œuvre de Sir Ch. Barry gagne-t-elle beaucoup à être vue de loin, au travers des brouillards de la Tamise qui souvent l'enveloppent. Ce voile gris lui donne le prestige de l'indéterminé et augmente encore ses proportions colossales. L'éclat du soleil le diminue en le subdivisant, au contraire des chefs-d'œuvre de l'architecture antique dont la pleine lumière grandit la majesté. C'est qu'un certain mystère convient à l'art gothique, qui se plaît à étonner les yeux et à frapper l'imagination plutôt qu'à charmer l'esprit par la simplicité et la pureté des formes.

Si nous pouvions promener le lecteur au travers des somptuosités intérieures du nouveau Parlement, nous trouverions dans la luxueuse ornementation des salles les origines de ce grand mouvement d'opinion qui, depuis trente ou quarante ans, a réhabilité en Angleterre tous les anciens procédés de décoration délaissés. Dans le vestibule central, les galeries attenantes, la Chambre des Lords et la Chambre des communes, les fresques, les riches boiseries, les sculptures, les mosaïques, les terres émaillées, les bronzes, les fers forgés, les vitraux, sont prodigués.

VI

On sait maintenant le rôle important de Welby Pugin dans la décoration du palais de Westminster[1].

Son influence ne fut pas moindre sur l'architecture religieuse. Son glossaire du costume et de l'ornementation ecclésiastiques, publié en 1844, transforma le goût public et remit en faveur la polychromie à l'intérieur des églises. Plus décorateur que constructeur, — à l'inverse de Viollet-le-Duc, — doué d'une imagination vive qui le rendait rebelle à toute imitation servile, ses églises sont toujours conçues de façon originale avec un grand souci des dispositions nécessaires au culte catholique romain, qu'il avait profondément étudié. L'église de Saint-Giles, la cathédrale catholique de Saint-George à Londres, Saint-Chad à Birmingham, Saint-Wilfrid à Manchester, Sainte-Marie à Liverpool, excellent exemple d'église urbaine, Saint-Augustin à Ramsgate, sans compter la jolie porte du Magdalen College à Oxford (porte aujourd'hui malheureusement démolie), sont les œuvres les plus importantes de Welby Pugin. Mort en 1852, on doit lui accorder, sans conteste, l'hon-

---

1. Sans exagérer cependant ce rôle, comme quelques-uns ont tenté de le faire aux dépens de Sir Ch. Barry, on peut dire que Pugin tempéra, par son intelligence de l'ornement, le style un peu raide de celui dont il fut l'auxiliaire quelquefois insoumis. Ainsi Ch. Barry dut maintenir dans les limites du style Perpendiculaire imposé son ardent collaborateur, souvent entraîné par son goût et ses études vers le gothique flamboyant français. Aussi, malgré tout le talent dépensé par W. Pugin, Sir Ch. Barry reste bien le maître réel de l'œuvre et le créateur glorieux du monument.

neur d'avoir dirigé le grand mouvement de la Renaissance gothique
en Angleterre.

Malgré l'importance de ce « Gothic Revival », il ne faut pas
oublier que, si discréditées que semblaient être les formes classiques en ce pays, elles eurent encore des partisans dévoués. Il faut
donc tenir compte de ce double courant qui emporta passionné-
ment et si longtemps les uns vers le moyen âge et maintint les autres
dans le culte des traditions classiques, élargies par l'éclectisme
moderne. Ainsi se préparait lentement la réaction « Queen Anne »
à laquelle nous assistons aujourd'hui. Négligeant pour le moment
les œuvres un peu isolées des architectes classiques, nous conti-
nuerons l'étude de la période gothique[1].

A la suite de Pugin, trois architectes, aujourd'hui disparus,
marquent les étapes successives du gothique anglais par des œuvres
d'un caractère différent. Ce sont : Sir George-Gilbert Scott (1811-
1878), William Burges (1827-1881), George-Edmund Street
(1824-1881).

Sir Gilbert Scott fut un gothique convaincu, malgré certaines
compromissions intéressées avec le classique sur lesquelles nous
reviendrons. On lui doit de nombreuses restaurations dans les
vieilles cathédrales d'Ely, d'Hereford, d'Exeter, de Westminster,
et plusieurs églises, entre autres celle de Sainte-Marie à Édim-

---

1. Présenter un tableau complet de cette phase si abondante et si variée de l'architecture anglaise serait une tâche longue et difficile. Nous ne tenterons pas
davantage d'établir un parallèle entre les manifestations diverses du gothique
moderne en France et en Angleterre. Nous essayerons seulement de dégager quelques-uns des caractères principaux du gothique anglais et de rappeler les noms et
les œuvres des architectes qui ont été ses plus fermes appuis. Pour une étude plus
approfondie des origines du néo-gothique et de ses développements jusque vers
1870, nous renvoyons le lecteur à l'intéressante *History of the Gothic Revival*, par
Charles L. Eastlake (ancien secrétaire de l'Institut royal des architectes britanniques), qui a été pour nous un guide précieux.

bourg, récemment achevée. Il éleva en 1842, à Oxford, le « Mar-
tyr's-Memorial » et plus tard, à Londres, dans Hyde Park, l' « Albert Memorial », ce fastueux monument qui, sous un dais magnifique
enrichi par toutes les ressources de l'art et de la matière, abrite
comme une image sacrée la statue en bronze doré du Prince
Consort. On peut par ce monument juger du style de Sir Gilbert
Scott. Il est souple, abondant, décoratif, beaucoup plus voisin des

UNE CHAMBRE DU CHATEAU DE CARDIFF.
Feu Wm Burges, A. R. A., architecte.

profusions du gothique italien que des austérités du gothique sep-
tentrional. Gilbert Scott était sensible à l'extérieur des formes du
moyen âge plutôt que pénétré par leur esprit. Il a dû aussi se laisser
entraîner par les écrits de M. John Ruskin, critique esthéticien

enthousiaste du gothique italien. Par son livre *The Stones of Venice*, M. Ruskin mit à la mode l'emploi des marbres, des granits, des mosaïques, celui même des pierres précieuses dans la décoration extérieure, cela pour le meilleur effet des nombreux édifices modernes qui ornent les grandes villes anglaises.

Tout autre que Scott fut William Burges. Beaucoup moins connu du public, mais très apprécié par les artistes, son influence sur eux a été grande. Élève de Blore, il fut très remarqué en 1856 dans le concours qui eut lieu à Lille pour une église cathédrale, Notre-Dame de la Treille. Classé premier, son projet, aujourd'hui à Lille, témoignait d'une connaissance approfondie de l'art du XIIIe siècle et particulièrement des monuments français de cette époque. Les dessins étaient si caractérisés qu'on eût pu les attribuer à ce vieil architecte vermandois du XIIIe siècle, Villard de Honnecourt, dont les précieux croquis l'ont certainement inspiré. Burges fit aussi un projet remarquable pour les « New Law Courts » de Londres. Street, le vainqueur du concours, l'emporta de peu sur lui. Burges mit heureusement à profit toute sa science de l'art du moyen âge dans la reconstruction d'un château à Cardiff, pour le marquis de Bute. La grande fortune de cet amateur érudit lui vint en aide pour réaliser là, exceptionnellement, son rêve d'architecte et d'archéologue. Outre une église et une chapelle dans le comté d'York, Burges construisit encore, vers 1870, la cathédrale de Cork en Irlande, la première cathédrale élevée dans le Royaume-Uni depuis Saint-Paul de Londres. C'est un édifice de petites proportions, mais riche et sévère tout à la fois, dont les moindres détails de construction, d'ornementation et d'ameublement révèlent les connaissances multiples de Burges dans toutes les branches de l'art.

La maison que Burges construisit pour lui à Londres, Melbury

ÉGLISE DE SAINT-AUGUSTIN, A KILBURN

(M. J.-L. Pearson, R. A., architecte.)

Road, et qu'il habita trop peu de temps avant sa mort, résume bien son rare talent. Et, cependant, nous ne pouvons nous défendre de le trouver là un peu recherché et compliqué dans le détail. Rêveur et poète autant qu'archéologue, Burges s'est moins préoccupé dans sa demeure du charme et de la beauté des formes plastiques que de l'intérêt et de l'expression d'une décoration dont le caractère symbolique est quelquefois d'une intelligence difficile.

Dans le mémorable concours ouvert en 1866 pour la construction des nouvelles cours de justice à Londres, Street avait triomphé des redoutables concurrents qui, comme lui, avaient été choisis par le gouvernement pour présenter des projets. Les noms de Abraham, Edward Barry (fils de Sir Ch. Barry), Brandon, Burges, Deane, Garling, Lockwood et Mawson, Scott, Seddon, Street, Waterhouse, disent quel fut l'intérêt de la lutte. Les onze projets présentés étaient gothiques avec un hérissement de toitures, pinacles, tours, clochers et flèches de toutes formes et de toutes dimensions jusqu'aux plus gigantesques.

Nous croyons, en vérité, qu'un architecte français aurait peine à comprendre un palais de justice de cette façon. Nous chercherions à exprimer par l'austérité et la puissance des formes l'idée d'une justice immuable, en quelque sorte indépendante des temps et du milieu, supérieure aux institutions qu'elle consacre. Nous nous garderions de ces exubérances de décor et d'élancements non motivés qui ne justifient pas, ce nous semble, la réputation de gens raisonnables que nous nous plaisons à faire à nos voisins. Quand on revoit maintenant ces projets, et qu'on médite sur cette dépense excessive d'imagination déréglée, on excuse plus facilement l'œuvre de Street dont les nouvelles cours de justice marquent à la fois l'apogée et le suprême effort du gothique moderne anglais. Le talent y abonde, mais sans mesure, sans frein. Que

NOUVEAU CLOCHER DE CHRIST CHURCH COLLEGE, A OXFORD.

MM. G.-F. Bodley et E.-T. Garner, architectes.

d'étrangetés ! Que d'inutilités ! C'est une prodigieuse improvisation plutôt que le résultat d'une conception sagement mûrie.

Si, comme architecte français, nous nous sentons rebelle au monument de Street, comme simple touriste nous apprécions pourtant l'effet vraiment hardi et pittoresque de ces entassements de motifs divers, nous subissons le charme étrange de ces perspectives constamment rompues et cahotées qui semblent évoquer les souvenirs de la vieille Cité de Londres disparue dans les flammes de 1666. Mais, au contraire du moyen âge, ces lourdes constructions, de style XIIIe siècle, tantôt anglais, tantôt français, ne révèlent pas à l'extérieur les besoins du dedans. Si tout est accusé dans le détail, les grandes dominantes du plan restent inexpliquées. Cependant ce plan comporte vingt-deux salles ou cours de justice, avec les nombreux services publics ou particuliers en dépendant, et une grande salle des Pas-Perdus. On y pénètre du dehors par un porche de cathédrale. Cette grande salle est assurément la partie la plus réussie du monument. Belle par la simplicité du rythme et de l'ornement, elle repose des mouvements exagérés et du touffu de l'extérieur. Malgré ses hautes voûtes ogivales portées sur des faisceaux de colonnettes et ses proportions allongées, elle éloigne toute idée d'une nef religieuse et reste, colossale et sombre, l'expression quelque peu terrifiante du sanctuaire de cette justice humaine toujours redoutable dans son imprévu.

Nous pourrions faire des réserves sur les distributions du plan peu en accord avec les besoins. Mais l'architecte ne saurait être entièrement responsable d'imperfections que l'on peut en partie attribuer à de nombreux changements demandés au cours des travaux et qui ont rompu l'économie du projet primitif [1].

1. Nous saisissons cette occasion pour dire notre regret de ne pouvoir, ici, étudier l'architecture de la Grande-Bretagne en pénétrant plus avant dans l'examen

Street, travailleur infatigable, dessinateur abondant, connaissait tous les édifices gothiques importants de l'Europe. On voit dans ses œuvres, dans les nouvelles cours de justice comme dans la cathédrale de Bristol[1], l'église Saint-John à Torquay et Saint-Margaret (East Grinstead), se heurter en foule les ressouvenirs de ses études d'outre-mer. Ils leur enlèvent quelque peu le caractère d'unité et de personnalité qui fait la vraie grandeur et l'intérêt d'un monument. Épuisé de travail, Street mourut quelque temps avant l'achèvement complet des « New Law Courts », que l'on peut néanmoins considérer dans leur ensemble comme le témoignage d'un puissant tempérament d'artiste.

VII

Parmi les architectes, aujourd'hui disparus, qui furent plus ou moins de fervents adeptes du « Gothic Revival », il faut citer :

Raphaël Brandon, qui a fait à Londres une remarquable église, Gordon square (style Early English)[2], et a publié une analyse encore très appréciée de l'architecture gothique; — Carpenter,

des programmes utiles qui sont la raison d'être de tout édifice. L'architecture n'est, en aucun temps, en aucun lieu, indépendante des besoins, et son premier rôle est d'y satisfaire. Mais, comme les besoins sont en raison directe des mœurs, du climat, des institutions, du tempérament moral d'un pays, se livrer à la recherche de ces besoins serait entreprendre une étude historique, sociale et philosophique, dont ce n'est ni le lieu ni l'instant. Nous sommes forcé de nous maintenir dans un cadre très restreint. Ainsi donc, sans séparer l'architecture de l'utile, dont elle doit être l'expression essentielle, devons-nous borner nos efforts à préciser le caractère apparent de l'architecture anglaise dans ses diverses phases.

1. La cathédrale de Bristol est une vieille église du commencement du XIVe siècle, dont Street a rebâti très heureusement la nef, les bas côtés et le porche, qui sont en grande partie de sa composition.

2. Cette église, restée inachevée, est une œuvre de grande valeur en raison de l'époque de sa construction.

dont le vaste Collège de Sainte-Marie et Saint-Nicolas (Lancing : Sussex) dans le style « geometrical pointed ». établit la réputation; — Ferrey et Talbot Bury. élèves de Pugin le père[1]. constructeurs de nombreuses églises; — Kemp. charpentier-architecte qui éleva à Édimbourg un ambitieux monument à la gloire de Walter Scott. monument remarquable assurément pour le temps et qui a servi de type à l'Albert Memorial de Hyde Park; — G. Somers Clarke. architecte de Wyfold Court (Oxfordshire). important manoir caractérisant le gothique appliqué à l'habitation moderne anglaise; — Woodward. qui, inspiré par le poète Ruskin, mit le gothique italien à la mode. Suivant le vieux style vénitien. il propagea le goût des marbres, des pierres dures et des mosaïques dans la décoration extérieure des édifices. Puis. E. W. Godwin, architecte du Town Hall de Northampton. Cet hôtel de ville est un sensible exemple du gothique anglo-français qui fut, en Angleterre, la conséquence des écrits de Viollet-le-Duc.

Tous les architectes anglais n'ont certes pas eu les mêmes idées sur la façon dont il convenait d'interpréter le moyen âge. Puisant à des sources très variées. mettant à contribution les différentes époques du passé. cherchant souvent leurs inspirations à l'étranger, très influencés par le gothique français, on pourrait les classer en trois partis différents :

D'abord les constructeurs archéologues. ayant horreur de l'éclectisme. n'admettant aucun compromis. qui ont incliné vers les types primitifs. Ils visaient à la littérale reproduction d'un style, n'acceptaient que ce qui était autorisé par un précédent et sacrifiaient volontiers les besoins modernes pour ne pas troubler les conditions des formes anciennes.

---

1. Nous avons déjà cité plus haut Carpenter, Talbot Bury et Ferrey, parmi les premiers partisans du style gothique.

Puis les architectes qui, tout en professant le plus grand respect
pour le moyen âge, le croyaient susceptible de modifications et se

GRANDE SALLE — EXAMINATION SCHOOLS — A OXFORD.
(M. T.-C. Jackson, M. A. architecte.)

sont efforcés de l'assouplir aux exigences de l'Utile. Ils recher-
chaient alors les principes de cet art plutôt que ses formes tradi-

tionnelles et ne craignaient pas de les rejeter quand elles ne leur semblaient pas justifiées. Ce fut une École d'adaptation artistique formée par des esprits libres et élevés.

Enfin les éclectiques et les indépendants, usant des formes moyen âge sans souci des dates et des provenances, altérant leurs proportions rationnelles et les utilisant comme un décor pour masquer des dispositions toutes modernes.

On distingue ces trois caractères différents, quand on étudie l'innombrable série des édifices gothiques, religieux ou civils, qui en ce siècle ont couvert le sol des trois royaumes unis. Cette production considérable est due, pour beaucoup, au grand mouvement religieux qui depuis quarante ans s'est produit en Angleterre. Non seulement il a provoqué la restauration de toutes les cathédrales et de toutes les anciennes églises par centaines, mais encore il a nécessité la construction d'un nombre infini de nouvelles églises, soit pour la religion anglicane, soit pour les nombreuses sectes qui en dérivent, soit même pour le catholicisme, qui est la religion dominante en Irlande et qui, en Angleterre, compte des fidèles tout au moins très ardents.

La restauration des vieux édifices gothiques forma naturellement une armée d'architectes, de dessinateurs, d'entrepreneurs et d'ouvriers très habiles dans la reproduction des styles anciens et prépara la génération d'artistes et d'exécutants qui devait réaliser un « Gothic Revival » bien en harmonie avec le grand renouveau de foi et de ferveur qui s'est emparé de la nation anglaise. Il serait curieux, si la place ne nous faisait pas défaut, de rappeler ici les premiers efforts peu libéraux de la « Camden Society » pour protéger certains anciens édifices par catégories et condamner en bloc certains autres, comme témoins d'époques de décadence. A l'entendre, tout le XV° siècle, c'est-à-dire tout le style Perpendiculaire, était indigne de restauration et par suite de conservation. Aujourd'hui la « Society for the Protection of ancient monuments », passant d'un extrême à un autre et acceptant tout débris du passé comme une page d'une même histoire de l'art national, laisserait

CHEMINÉE DANS LE CHATEAU DE DAWPOOLCHESHIRE.
(M. R. Norman Shaw, R. A., architecte. — Dessin de l'artiste.)

plutôt tomber une cathédrale en ruine que de toucher à l'une de ses pierres, par crainte de compromettre le caractère et l'authenticité du monument. Nous laisserons à d'autres le soin de se prononcer sur ces questions très intéressantes, aussi bien pour nos

voisins que pour nous, comme aussi de déterminer la part certaine
d'influence que nos écrivains et nos archéologues français, Vitet,
Prosper Mérimée, de Caumont, Didron, etc., ont eue sur les origines du gothique anglais moderne. Nous avons hâte d'en revenir,
après cette courte digression, aux architectes qui ont été les cham-
pions les plus convaincus de l'art du moyen âge en Angleterre.

Moins en vue que Street, M. William Butterfield est cependant
un des architectes gothiques qui ont été le mieux pénétrés par l'esprit du moyen âge, tout en gardant une originalité propre. La chapelle du Balliol College et celle du Keble College à Oxford,
l'église de Tous-les-Saints, près de Tottenham court road, et
l'église de Saint-Alban à Londres, sont d'un style sobre et sévère.
Elles montrent des recherches de forme et de coloration par l'emploi des matériaux. qui n'ont pas toujours été suffisamment appréciées du public.

M. John Pearson, R. A., et M. James Brooks, — aujourd'hui
les architectes les plus recherchés pour la construction des édifices
religieux, — sont connus par des églises intéressantes, ingénieuse-
ment aménagées, généralement dans le style dit de Transition ou
dans celui « Early pointed ». Quelques-unes de ces églises par
leur aspect massif, par la lourdeur voulue des clochers à flèches
de pierre, octogonales sur tours carrées, rappellent beaucoup
nos vieilles églises normandes. La cathédrale de Truro, que
M. J. Pearson construit à l'extrémité du pays de Cornouailles, est
remarquable en raison de ses dispositions importantes. Trois flèches
élevées doivent la couronner et la signaleront à grande distance [1].

---

1. M. Pearson a construit, à Londres, Red lion square, une petite église dont le
plan particulier a été imposé par un terrain très irrégulier. Son style correct, calme,
presque austère, caractérise les grandes qualités de M. Pearson, aujourd'hui chargé
des restaurations de Westminster Hall. La vue S.-E. de l'église Saint-Augustin à

Les églises de M. G.-F. Bodley, A. R. A., sont également remarquables comme construction et décor. Particulièrement celle

NEW ZEALAND CHAMBERS, A LONDRES.
M. R. Norman Shaw, R. A., architecte.

Kilburn, par le même architecte, marque bien les dispositions extérieures mouve-
mentées et pittoresques toujours cherchées par les architectes anglais.

de Saint-Jean-Baptiste à Liverpool, en style « Middle pointed »,
se recommande par la correction des formes et par des peintures
intérieures d'un bel effet. Signalons aussi, de M. Bodley, le riche
beffroi du Christ Church College, à Oxford. Cette construction
hardie fait très bon effet dans l'angle de la vaste cour de ce célèbre
Collège.

Sir Arthur William Blomfield, fils d'un ancien évêque de Londres et élève de Hardwick, n'est pas moins apprécié pour ses
constructions religieuses. Le « Private chapel Tyntesfield » près
de Bristol, et l'église de la Sainte-Trinité (Privett Hants), couverte
par une curieuse charpente, sont de bons spécimens de ce talent
distingué. Notons encore les travaux de M. Blomfield à Oxford,
sa grande église de Saint-Saviours, à Londres, et la restauration
continuée par lui de la cathédrale de Chester dont il orne en ce
moment les murs intérieurs de mosaïques de marbre d'un noble caractère [1].

Les petites églises de MM. Paley et Austin sont pittoresques
comme leurs maisons de campagne. Elles nous rappellent ces
nombreuses églises habilement composées, logiquement construites, que l'on trouve partout en Angleterre, même dans les
pays les plus pauvres et les plus isolés. Toujours admirablement
tenues, petites églises ou modestes chapelles, ces constructions
se recommandent par des combinaisons habiles qui mettent heureusement en œuvre les matériaux du pays et témoignent de l'intelligence et du savoir des ouvriers locaux.

Le gothique de M. Seddon subit quelquefois des influences lom-

1. Nous apprécions beaucoup la décoration peinte du plafond en bois à com-
partiments de la chapelle du Trinity College à Cambridge. Ces peintures symboli-
ques et mystiques ont été exécutées par MM. Heaton, Butler et Bayne sous la
direction de Sir Arthur Blomfield. Les vitraux sont également remarquables.

bardes, vénitiennes, et même aussi byzantines. Nous avons trouvé
de grandes qualités dans son Université à Aberystwith (Galles du
Sud), qui a été dernièrement très endommagée par le feu. Le gothique plus récent de M. Sedding est un peu étrange. M. Godwin
est depuis longtemps un artiste réputé justement et qui, véritablement doué, aurait pu occuper une place considérable dans l'art de

MAISONS D'ARTISTES, A CHELSEA,
MM. E.-W. Godwin, F. S. A., et R. W. Edis, F. S. A., architectes.

son pays. Nous citions plus haut son Hôtel de ville de Northampton. Il a fait aussi certaines petites églises d'un goût très particulier. Parmi ses travaux d'architecture moyen âge, nommons le château de Dromore, près de Limerick. Il est d'un aspect puissant et
sévère; mais aussi ces sortes de forteresses, encore à la mode il
y a peu de temps, ne sont-elles pas un peu sombres et tristes à
habiter? M. Collcutt a fait des habitations agréables et bien mo-

dernes dans tous les styles. Nos lecteurs se souviennent sans aucun doute de la gracieuse petite façade qu'il éleva dans la rue des Nations à l'Exposition de 1878. Parmi les constructions style gothique de M. Collcutt, nous présentons celle de Saint-Bride Street à Londres. Depuis longtemps elle nous avait frappé par son parti bien franc en harmonie avec une façade étroite.

Nous pourrions encore parler des travaux de S. S. Teulon (église à Hampstead) et de Hadfield à Sheffield; de ceux de MM. Dunn et Hansom (Church of our Lady of the Assumption and the English Martyrs, à Cambridge); de ceux de M. Belcher et de ceux de M. Jackson à Oxford et à Brighton. Mais nous sommes obligé de nous presser et de ne parler encore que brièvement des œuvres de M. Oldham, de M. Worthington et de M. Redmayne, qui ont beaucoup construit à Manchester et aux environs. M. Worthington est l'habile architecte des « Police courts » et du monument (toujours un dais magnifique) élevé au Prince Consort en face du « Town Hall » de Manchester.

Le « Town Hall » ou l'Hôtel de ville de Manchester est l'œuvre de M. Alfred Waterhouse, qui occupe aujourd'hui en Angleterre une situation considérable. Manchester doit à cet artiste ses deux monuments modernes les plus importants : le « Town Hall » et les « Assize Courts ». A peine âgé de trente ans, M. Waterhouse obtint, à la suite d'un brillant concours, la construction de ces cours d'assises qui ont fait de bonne heure sa réputation. C'est un bel édifice, de façade régulière en gothique « pointed » francisé, dominé, comme d'usage en Angleterre, par une haute tour carrée quelque peu lombarde. Les dispositions intérieures sont considérées comme excellentes; mais, quoique cette œuvre passe pour une des meilleures de M. Waterhouse, on y sent encore la marque d'un talent jeune, à la fois ardent et incertain.

« SMOKE ROOM » DANS UN HOTEL A LONDRES. — M. G. Aitchison, A. R. A., architecte. — Dessin de l'artiste.

Le style personnel de M. Waterhouse s'affirme dans le Town Hall commencé en 1869, dix ans après les Assize Courts. Ce vaste édifice est construit sur un terrain en forme de trapèze irrégulier, d'une surface de 9,500 mètres environ. M. Waterhouse a tiré bon parti de ce terrain isolé en établissant les différents services publics sur les voies secondaires et en réservant la façade principale pour les appartements de réception. Ceux-ci sont en relation directe avec une vaste salle ou « public hall » élevée au centre de l'édifice. Cette belle salle est couverte par une voûte en bois à caissons enrichis des armoiries peintes des grandes capitales de l'Europe. Au fond se dresse sur une estrade un orgue puissant, préparé pour ces solennelles auditions de musique chorale ou religieuse qui caractérisent le goût musical de la moderne Angleterre. Des galeries voûtées d'un agréable effet perspectif relient les diverses parties de l'édifice desservi aux angles intérieurs du trapèze par des escaliers tournants. Leurs limons de pierre sont supportés par une suite de fines colonnettes dont la spirale ajourée fait un charmant effet, vue du vestibule qui précède la grande salle.

Le gothique XIIIe siècle de cet imposant Hôtel de ville peut paraître massif et sévère. Mais nous trouvons quand même qu'il convient bien à cette ville industrielle de Manchester entourée d'usines. Cette architecture compacte semble faite pour résister aux actions délétères d'une atmosphère chargée de gaz et de fumées. D'ailleurs, M. Waterhouse a suffisamment mouvementé, en plan et en élévation, ses façades chargées de pinacles, de lucarnes, de tourelles, etc., pour que l'ensemble apparaisse bien décoratif. Le Town Hall surprend agréablement au milieu de cette grande cité qui semble peu faite pour éveiller des idées artistiques. Ajoutons que deux hautes tours, la principale chargée d'horloges et de cloches, complètent le grand aspect de ce monument, qui nous paraît une des expressions les plus complètes du gothique moderne en Angleterre.

Dans ce style et parmi les œuvres de M. Waterhouse, nous pourrions encore citer l'église Sainte-Élizabeth. à Reddish, près de Manchester; puis à Liverpool, sa ville natale, le « Turner Memorial », d'un arrangement pittoresque; puis encore ses travaux à Oxford et à Cambridge où il a fait le Pembroke College et les parties neuves du Caius College, un peu dans le caractère de la Renaissance française[1]. Mais M. Waterhouse. subissant, comme tant d'autres, les entraînements du moment, et malgré son récent Musée d'Histoire naturelle à Londres, dont nous parlerons plus tard, semble avoir abandonné, depuis quelque temps déjà, les austérités du gothique « pointed » pour l'architecture plus aimable qui dans son « Technical College » semble se rapprocher du nouveau style à la mode, le « Queen Anne ».

Pour expliquer les origines de ce nouveau style, nous allons revenir quelque peu en arrière afin de rattacher le « Queen Anne » aux traditions classiques dont il est en quelque sorte la continuation. Nous parlerons en même temps de cette récente période d'architecture néo-italienne, dont un artiste hors ligne et trop peu connu, Alfred Stevens, fut pour beaucoup l'inspirateur inconscient. Luttant d'influence avec le style gothique, cette nouvelle forme du classique a certainement contribué à l'abandon des idées gothiques en Angleterre.

---

1. Notons, à quelques pas de là, la Master's Court du Trinity College, par A. Salvin, d'un style très sobre et très étudié, et une École en style Tudor élégant, par M. Basil Champneys.

VIII

En effet, l'étude du « Gothic Revival » nous a fait négliger quelques monuments de style classique inspirés par la rénovation d'antiquité grecque ou romaine qui florissait au commencement du siècle. Alors que quelques-uns s'essayaient déjà dans les formes du moyen âge, J. Nash, continuant la tradition classique, rebâtissait de 1825 à 1837, avec une certaine élégance noble, la façade du vieux palais de Buckingham sur le jardin. D'un autre côté il donnait, comme frontispice triomphal à ce palais, le « Marble Arch », cet arc de genre Romain transporté aujourd'hui à l'entrée de Hyde Park sur Oxford Street. Blore devait succéder à Nash et construire (de 1837 à 1846) l'aile du palais, alourdie d'ornements superflus et sans style, qui est en façade sur le parc de Saint-James. Apsley House, construite en 1828 pour Wellington par B. Wyatt, fut encore une sorte de temple antique dédié au héros anglais. En 1828, Decimus Burton lui avait élevé, à quelques pas en avant de cette demeure, un arc de triomphe surmonté d'une mauvaise statue équestre[1].

Plus tard, dans un style mixte Gréco-Romain, tempéré de Renaissance, il faut indiquer le Royal Exchange, œuvre de feu sir William Tite, construit de 1842 à 1845. C'est un monument d'architecture ampoulée dont la cour intérieure, entourée de portiques, a été récemment couverte par une toiture vitrée lourde et désagréable. Puis des monuments plus modernes : l'Université de Londres, commencée sur les plans de Pennethorne et achevée seulement en 1869.

---

1. Cet arc vient d'être démoli et relevé plus loin dans de meilleures conditions d'aspect, moins la statue, qui a été transportée à Aldershott.

Sa façade, encombrée par un portique en saillie, est trop chargée de statues[1].

En arrière, les bâtiments de la Royal-Academy ont été construits sur les plans de Smirke. Cet ensemble de constructions porte le nom de Burlington House[2] et abrite un grand nombre de sociétés

Récemment démolie.

savantes. Burlington House présente sur Piccadilly une façade imposante par la masse et par la richesse, mais sans caractère décidé. Elle a été achevée en 1872 sur les plans de Banks et de M. Charles Barry, fils de feu Sir Charles Barry.

1. Pennethorne a construit en style Tudor le « New Record Office » terminé seulement en 1872. Il a continué aussi le beau palais de Somerset House en élevant sur Wellington Street une façade bien composée.

2. Du nom de Lord Burlington, ancien propriétaire des jardins et de la maison aujourd'hui occupés par les bâtiments de la Royal-Academy.

Où s'affirme davantage le classique moderne italianisé, c'est dans cette série d'édifices magnifiques, quoique simples clubs, qui bordent Pall-Mall et Saint-James Street. L'aspect de Pall-Mall est vraiment grandiose et fait songer à ces voies bordées de palais des grandes cités italiennes, Gênes, Florence ou Rome. Nous avons déjà parlé du « Travellers club » par Barry; il faudrait citer encore : du même Sir Ch. Barry, le « Reform club », avec ses apparences de palais Farnèse; surtout le « Carlton club » de S. Smirke, qui a été bien inspiré par la Bibliothèque du Sansovino à Venise; puis « Army and Navy club », imitation d'un palais vénitien.

Ce qui témoigne assurément de la persistance des traditions classiques, malgré la longue prédominance du gothique moderne, c'est le grand concours international qui fut ouvert en 1857 pour la construction des Ministères des affaires étrangères et de la guerre à Londres[1]. Les concurrents se partageaient en deux camps bien délimités : Gothiques et Classiques. Des prix furent distribués, mais l'exécution fut réservée. G. G. Scott avait été classé troisième dans ce concours. Plus tard, les conservateurs étant au pouvoir, on lui confia l'exécution des Ministères de l'étranger et des colonies (Foreign office, Colonial office), et celle du Ministère d'État (Home office) et du Ministère des Indes (India office); Sir Digby Wyatt restant chargé des distributions intérieures de ce dernier édifice ainsi que des cours correspondantes. Aussitôt Scott pré-

---

1. En même temps un autre concours était ouvert pour indiquer le meilleur mode de réunion de tous les services du Gouvernement sur un emplacement compris entre Whitehall et le nouveau palais du Parlement. Nous rappelons que notre confrère M. Crépinet, de Paris, obtint le premier prix dans ce concours du « general or block plan ». Son projet présentait un ensemble de beaux édifices élevés dans l'axe du pont de Westminster, et projetait de larges voies d'accès et des quais qui depuis ont été réalisés en partie.

para ses plans dans le style gothique qui lui était familier. Mais, l'année suivante (1862), les libéraux revinrent au pouvoir avec Lord Palmerston. Ce ministre n'aimait pas le gothique, il voulait du Palladio. Scott se soumit, mais ce ne fut pas sans protester qu'il renonça à ses convictions et à ses préférences. Il éleva donc sur Parliament Street les « Government offices », grand monument de style classique italien, avec une certaine recherche de détails grecs, qui correspondait au goût néo-grec alors dominant en France. En somme, c'est un bel ensemble formé d'arcades et de trois ordres superposés à la mode italienne. A sa gauche s'élève la « Treasury », grande colonnade corinthienne un peu trop engagée[1], mais d'une proportion harmonieuse, construite par Sir Ch. Barry en 1850.

C'est vers cette époque qu'Alfred Stevens allait inconsciemment renouveler l'intérêt du classique italien en le revivifiant par l'étude directe des premiers maîtres de la Renaissance.

IX

Né en 1817 à Blandford dans le Dorsetshire, Alfred Stevens était fils d'un peintre décorateur de très modeste situation. Dès l'âge de huit ans, il dessinait et peignait, dit-on, avec une étonnante facilité. Aussi trouva-t-il dans le révérend Samuel Best, pasteur de son pays, des encouragements précieux. Appréciant les dispositions précoces du jeune Stevens, cet intelligent protecteur l'envoya à seize ans en Italie pour y continuer, à ses frais, des études artistiques à peine ébauchées. Alfred Stevens se passionna vite pour

1. Sir Ch. Barry dut là utiliser des colonnes engagées autrefois placées au rez-de-chaussée d'un autre édifice.

l'art italien de la Renaissance, et tellement que l'Italie le prit tout entier. Comme les maîtres d'autrefois, il exerça son intelligence et sa main d'après tous les monuments de l'art, étudiant l'architecture comme les œuvres de la peinture, sculptant en même temps qu'il peignait. Particulièrement, il se plut à dessiner ou peindre les nombreuses fresques de Florence, profondément pénétré par ces œuvres d'une expression si élevée et si sincère, d'une exécution si honnête et si simple. Mais, prolongeant indéfiniment son séjour en Italie, livré peu à peu à ses propres ressources, il associa la pratique à ses études théoriques et devint pendant quelque temps un des aides les meilleurs du sculpteur danois Thorwaldsen, qui alors travaillait à Florence.

Cependant il fallut quitter l'Italie, cette mère adoptive qui, pendant neuf ans, l'avait nourri de son art, avait développé ses facultés, avait assuré sa main. Il revint en Angleterre à l'âge de vingt-cinq ans, armé de toutes pièces comme ces maîtres vigoureux de la Renaissance, architectes, sculpteurs et peintres tout à la fois.

De retour à Londres, ses nobles ambitions durent se contenter des modestes fonctions de professeur de dessin à l'École de Marlborough House, qui fut un des premiers centres d'instruction artistique patronnés en Angleterre par le Gouvernement.

Il sut communiquer à ses élèves son ardent amour pour l'art italien, les instruire de ce qu'il connaissait si bien et préparer ainsi cette jeune génération d'artistes qui devait illustrer plus tard les salles du Musée du South Kensington, l'Albert Hall et les galeries du Jardin d'horticulture. Il fit à cette époque un projet (non exécuté) de grille pour le Musée de l'École des mines sur Jermyn Street. Ce dessin, conservé au South Kensington, montre la grande facilité de composition de Stevens.

Mais il fallait vivre, et, vers 1849, Stevens accepta la direction

artistique des ateliers de MM. Hoole et Robson, du Green-Lane
Works, à Sheffield. Ces industriels fabriquaient tous ouvrages en
métal de caractère utilitaire et décoratif : grilles, panneaux, étuves,

CHEMINÉE DE SALLE A MANGER, PAR M. R. NORMAN SHAW, R. A.
Château de Sir W. Armstrong (Cragside, Northumberland). — Dessin de l'artiste.

calorifères, etc. Stevens élargit facilement le cercle d'action qui lui
était offert, et bientôt les produits de ces vastes usines, transformés
par un caractère artistique accentué, répandirent l'influence de
Stevens. Dans ce nouveau milieu, Stevens fut un initiateur, communiquant à ceux qui l'entouraient la foi dont il était animé. Dessi-

nateurs, modeleurs, ouvriers, tous le respectaient comme un maître et se pénétraient de ses idées.

Mitchell, instructeur en chef de l'École d'art à Sheffield, témoigna à Stevens une vive estime. Il lui soumettait souvent les travaux de ses élèves. Parmi ceux-ci, Godfrey Sykes, graveur sur métal, plein d'admiration pour Stevens, voulut travailler sous la direction immédiate du maître et vint s'installer près de lui à Green-Lane.

Recherché comme collaborateur par de grands industriels qui lui demandaient des dessins et des modèles, le rôle de Stevens dans le développement des industries d'art de son pays allait devenir considérable.

Le concours ouvert en 1855, pour élever un monument à Wellington dans la cathédrale de Saint-Paul à Londres, affirma la valeur de l'artiste et décida de son avenir en l'attachant à une œuvre qui devait absorber toute sa vie. Le concours fut clos en 1857. Quatre-vingt-trois projets avaient été présentés. Stevens n'obtint qu'un des derniers prix. Mais cependant son projet apparut bientôt comme tellement supérieur à ceux de ses concurrents que, grâce à de hautes et intelligentes influences, il fut chargé de le réaliser.

Alfred Stevens accepta la commande du monument pour 350,000 francs. Nous ne développerons pas ici l'historique de cette œuvre considérable[1]. Nous nous bornons à donner sur la vie du grand artiste anglais quelques détails que nous croyons inédits et à déterminer sa large part d'influence sur le mouvement moderne de l'art décoratif et architectural en Angleterre.

A. Stevens travailla au monument de Wellington jusqu'à l'époque de sa mort, c'est-à-dire jusqu'en avril 1875. Ce fut pour lui un tra-

---

1. On en pourra trouver les détails dans le livre publié par M. Walter Armstrong sur Alfred Stevens.

vail acharné de longues années, traversé par bien des épreuves, par bien des misères. Peu pratique, complètement désintéressé dans les questions d'argent, Stevens avait accepté sans calcul une somme beaucoup trop insuffisante pour l'exécution de son projet. De là des retards nombreux, les plaintes répétées des ministres qui se succédaient au pouvoir, et l'obligation pour Stevens de chercher dans d'autres travaux les moyens de vivre et aussi de poursuivre son œuvre en tenant ses engagements.

C'est ainsi qu'il fit de nombreux dessins et aquarelles[1] pour Léonard Collmann, architecte, élève de Sydney Smirke, dont il avait fait autrefois la connaissance en Italie. Alors livré à de grandes entreprises de décoration, Collmann trouva dans Stevens un précieux collaborateur.

De même, Stevens orna pour M. Holford sa riche habitation de Dorchester et y éleva une belle cheminée à cariatides, noblement accroupies sous l'écrasement de la corniche.

Mais le monument de Wellington domine tout l'œuvre de Stevens. Ce n'est pas que sa composition architecturale se révèle par une invention particulière. Ce monument procède en partie de ceux de la Renaissance vénitienne, et par suite offre quelque analogie d'aspect avec les tombeaux des reines Élizabeth et Marie Stuart qu'on admire à l'abbaye de Westminster, et qui dérivent de l'art italien.

Le monument de Wellington est d'une architecture un peu fine, nous pourrions dire trop élégante, pour abriter le guerrier que Stevens devait célébrer par le marbre et le bronze. Autorisé toutefois par l'art délicat des beaux modèles italiens dont il avait le culte, Stevens a élevé un monument de silhouette harmonieuse et de noble

---

[1]. Quelques-unes de ces aquarelles sont aujourd'hui conservées dans la bibliothèque du South Kensington Museum.

tenue générale, se recommandant surtout par les beaux groupes en bronze qui en mouvementent si puissamment les flancs.

Ces figures[1] sont assurément d'une invention très personnelle et d'une énergie d'expression peu commune. Elles doivent être considérées comme les chefs-d'œuvre de la sculpture moderne en Angleterre.

Vivant à l'écart, dans une sorte de sauvagerie timide et modeste, Stevens, travailleur infatigable, se consacra pendant seize ans à ce monument sur lequel il s'épuisa sans parvenir à l'achever complètement. Multipliant ses études, recommençant sans cesse le travail commencé, le transformant avec une rare fécondité d'imagination, A. Stevens fit des disciples fervents des nombreux collaborateurs qu'il dut s'adjoindre pendant ce long effort.

C'est ainsi que, par ses élèves ou par les nombreux artistes ses admirateurs, A. Stevens a contribué au maintien des traditions classiques en concurrence avec les idées gothiques.

Parmi ses élèves les plus en évidence, il faut citer Godfrey Sykes dont nous parlions plus haut, et Reuben Townroe. D'abord élèves à l'école de Sheffield, ils devinrent les élèves directs de Stevens à Green-Lane.

Tous deux furent appelés à Londres pour travailler aux décorations du South Kensington. On trouve dans ce riche musée, si intelligemment aménagé, des galeries et des salles bien décorées[2], notamment celles du restaurant qui offrent un spécimen très intéressant d'ornementation céramique.

Mais, si ces décorations partielles sont charmantes, on constate,

1. « La Vérité arrache la langue au Mensonge. »
   « La Bravoure foule aux pieds la Lâcheté. »

2. La Cour du Sud, divisée en deux parties couvertes, est particulièrement remarquable comme disposition et décoration. On y voit deux belles fresques de Sir F. Leighton : les *Arts de la guerre* et les *Arts de la paix*.

New-Salon 3. — Pardoeckerse museum

M. Arthur Cawen (?), architecte.

dans ce qui est aujourd'hui construit du vaste ensemble futur, l'absence d'une conception et d'une autorité artistiques supérieures. En effet, les élèves de Stevens n'ont été là que les ornemanistes des constructions du capitaine Fowke. Le directeur du South Kensington, Sir Henry Cole, croyait que, pour faire de la bonne architecture, il suffisait de demander des plans et de confier les travaux à des officiers du génie, quitte à charger plus tard des artistes d'habiller la nudité des constructions ainsi élevées.

C'est pourquoi, malgré l'ingéniosité et l'exécution habile des ornements, le commencement de façade élevé sur Exhibition Road n'est qu'une œuvre médiocre comme composition et d'un effet insignifiant, en dépit de l'abondance des ornements en terre cuite. Cette parure ne sert qu'à habiller les pauvretés d'une construction souvent peu logique. Nous préférons à cette façade la grande cour intérieure du Musée qui offre un plus judicieux emploi du mode de décoration par la terre cuite que nous admirons dans les édifices milanais et bolonais de la Renaissance.

L'Albert Hall est un vaste édifice dont la salle elliptique se prête bien aux grandes auditions musicales et peut contenir sur ses gradins en amphithéâtre huit mille spectateurs. Il a été construit de 1867 à 1871 sur les données du colonel Scott et du capitaine Fowke. Mais les véritables architectes de l'œuvre ont été Townroe et Verity qui, lui aussi, travaillait depuis plusieurs années déjà au South Kensington[1].

Une haute frise en terre cuite, à personnages, enveloppe extérieurement l'énorme rotonde d'Albert Hall construite en briques. Un porche entièrement décoré de terres cuites la précède. Tous

---

1. M. Verity est l'architecte du Criterion dont certaines décorations intérieures, entre autres celles du vestibule, sont dignes d'éloges et offrent un bon emploi des revêtements céramiques.

ces détails d'ornement, dus à l'école de Stevens, ont une réelle valeur, mais l'ensemble de l'édifice est lourd, sans parti pris dominant. On sent encore là l'absence d'une direction unique et véritablement compétente[1].

INTÉRIEUR A LONDRES.
MM. Ernest George et Peto, architectes.

Parmi les artistes distingués, qui, sans être élèves directs de

1. L'« Office of Works » dirige aujourd'hui tous les travaux d'architecture du gouvernement anglais. Les architectes qu'il emploie à cet effet dans ses bureaux ont un rôle effacé et impersonnel.

Cependant l'Office of Works a fait appel aux architectes libres et a ouvert en 1884 un concours public pour la reconstruction des Ministères de la guerre et de la marine sur Charing Cross et Whitehall. Ce dernier concours a montré le revirement du goût en Angleterre. En 1866, dans le concours pour les New Law Courts, tous les projets étaient conçus en style gothique ; en 1884, parmi les 125 projets présentés, 8 ou 10 seulement étaient de style gothique, tous les autres étaient classiques. Dans le nombre, 9 concurrents ont été choisis pour un second concours restreint. Mais cette nouvelle épreuve n'a donné que des résultats médiocres ; les architectes anglais, en renonçant à tort ou à raison au gothique, ont abdiqué leurs meilleures qualités. Les ensembles de style classique monumental leur sont peu familiers, ils manient difficilement les grandes ordonnances, dont ils déna-

Stevens, s'inspirèrent de son style et le propagèrent, il faut encore nommer F. W. Moody, John Watkin, John Gamble et Lidlel.

Comme on le voit, le génie de Stevens modifia sensiblement le goût anglais à un moment et ranima les traditions classiques affadies en leur communiquant quelque chose de l'invention si libre des belles époques italiennes.

Toutefois, l'influence de ce grand artiste ne se fit sentir que transitoirement. Ses œuvres, son enseignement, son école, correspondent à cette période indécise pendant laquelle le gothique, toujours très en faveur cependant, se voit contre-balancé par la persistance des formes classiques renouvelées par l'art italien.

On sait le grand mouvement qui emporta les artistes anglais vers l'étude des précurseurs de la Renaissance et dont, avec Stevens, M. Ruskin l'esthéticien et les peintres Rossetti, Millais, Holman Hunt, furent les initiateurs. Après eux, MM. Burne Jones, Crane, Richmond, Watts et d'autres accentuèrent ce qu'on appelle en Angleterre le préraphaélitisme. Tous les architectes anglais ne purent y rester indifférents. C'est ainsi que nous avons déjà signalé dans les travaux de MM. Woodward et Godwin un goût accentué pour le gothique vénitien avec ses marbres et ses mosaïques, comme aussi, dans les édifices décorés par les élèves de Stevens, nous avons remarqué un emploi abondant des terres cuites dont le prototype est emprunté aux monuments italiens du moyen âge ou des premiers temps de la Renaissance.

rent les proportions et le caractère. Le projet de MM. Leeming frères, jeunes architectes à Halifax, a cependant été choisi et doit être exécuté sous leur direction. Nous aurions préféré de beaucoup le projet de MM. Webb et Bell, placé second, et même celui de MM. Wears et Hunt, mis en troisième ligne. Les différents changements de ministères ont suspendu le commencement des travaux, et l'Institut Royal des architectes britanniques profite de ce répit pour demander une modification du périmètre des futurs ministères, pour en améliorer et pour en élargir les abords sur Whitehall, Charing Cross et Trafalgar Square.

MAISON A LONDRES. — PALL MALL ET SAINT-JAMES STREET.

M. R. Norman Shaw, R. A., architecte.

X

On se rend aisément compte de cette période à la fois incertaine et abondante de l'architecture anglaise vers le milieu de ce siècle en parcourant les rues de la Cité de Londres. La prospérité commerciale et industrielle de l'Angleterre à cette époque substitua aux vieilles maisons toute une série de constructions neuves, magasins, offices, docks, etc., dont la richesse et l'ampleur font aisément notre étonnement. Ce ne sont plus là-bas les voies rectilignes de notre Paris nouveau, avec ses maisons propres et élégantes, mais réduites de hauteur, enfermées dans un périmètre administratif qui ne permettait, — il y a encore peu de temps, — aucune saillie sensible sur le nu des murs ou le profil imposé des combles. Au contraire, les règlements parisiens obligeaient à des raccordements de balcons et de corniches destinés à prolonger à l'infini les perspectives linéaires uniformes. Non, ce sont là-bas les antiques rues de la Cité, à peine rectifiées dans leurs sinuosités primitives, bordées de constructions indépendantes les unes des autres, dont les hauteurs différentes et les puissantes saillies ne sont en quelque sorte limitées que par le respect dû à la liberté de chacun et aux convenances des voisins.

Aussi quels aspects étonnamment variés dans cette ruche en continuelle activité de travail! Les perspectives ondulent, se superposent; les corniches, les masses ornementales, surplombent; les toitures se silhouettent en pignons, en tours, en coupoles. Des lucarnes de toutes tailles et de toutes formes couronnent les façades et forment avec les souches de cheminées très historiées un hérissement continu, si bien que la Cité semble toujours la Cité d'autrefois à peine rajeunie par quelques décors nouveaux.

C'est qu'aussi presque toutes les constructions récentes, conçues dans un style ancien, — y compris celles élevées dans le goût « Queen Anne » qui vise surtout à la réhabilitation des vieilles maisons, — contribuent pour beaucoup à conserver au berceau antique de Londres son caractère tout à fait spécial. Autour des masses sombres et colossales de Saint-Paul se groupent, dans un bizarre assemblage plein de contrastes, des constructions d'aspect roman, gothique, vénitien, florentin, qui alternent avec les constructions vieux classique du commencement du siècle ou les anciens édifices opulents du XVIIe et du XVIIIe siècle dominés par les clochers fantaisistes des nombreuses églises de Wren. Il y a bien, de-ci, de-là, quelques tentatives du plus détestable néo-Grec ; mais elles disparaissent dans cet ensemble de constructions robustes, largement et richement établies, qui donnent la meilleure idée des ressources financières des négociants de la Cité. Le terrain est d'ailleurs tellement cher dans les parties centrales que le coût d'une luxueuse construction est peu de chose comparativement à l'achat du terrain.

Aussi, non seulement sur les voies principales, mais encore dans les ruelles les plus étroites, on voit se dresser des façades monumentales dans lesquelles les matériaux les plus riches et les plus durables semblent avoir été prodigués. En première ligne, les granits rose ou vert d'Écosse qui se multiplient en colonnes de toutes dimensions, en pilastres, en revêtements et en soubassements d'un poli inaltérable. Puis, les pierres dures, — quelquefois la pierre tendre de Caen, la pierre blanche de Portland, la pierre de Bath, les grès rouges et jaunes de Mansfield, etc., mariés avec la brique. Puis encore les terres cuites, — souvent des terres émaillées et des mosaïques, — les bois habilement travaillés, sans compter les métaux, quoique, chose étrange, le fer soit un des moindres éléments de construction dans les cités anglaises. Ainsi donc, en même temps que les formes variées, les colorations variées complètent le spectacle pittoresque des rues de la Cité.

Certes, nous ne prétendons pas que toute cette architecture éclectique, qui date de trente ou quarante ans, soit parfaite dans sa variété. Loin de là. A Londres comme ailleurs, il y a ce que nous appelons la bâtisse, faite sans goût et sans scrupules. Mais, en vérité, elle compte peu dans la masse des constructions honnêtement luxueuses, logiquement construites, car il faut ici rendre hommage aux bonnes méthodes des constructeurs anglais et à l'habileté consciencieuse de leurs ouvriers.

Bien que ces logis pour le commerce, les banques, les compagnies d'assurances et toutes sortes de sociétés, industrielles ou autres, sacrifient beaucoup aux aspects extérieurs, qui peuvent, il est vrai, être une réclame féconde, les constructions sont intelligemment combinées pour l'utile, et les matériaux si divers que l'industrie moderne met au service du constructeur sont souvent employés avec une sincérité, une hardiesse, qui consolent des méthodes routinières suivies habituellement en pareil cas.

Heureusement pour leur architecture, les Anglais n'ont pas en abondance à leur disposition la pierre tendre et le plâtre. Certes, nos pierres tendres, par leurs cubes énormes, par la douceur et la finesse de leur grain, se prêtent à toutes les délicatesses de la sculpture comme à toutes les fantaisies du constructeur. Mais, débitées en blocs de toutes tailles, elles se superposent en larges surfaces dans lesquelles, après coup, en pleine pierre, on taille rapidement toute une ordonnance monumentale, cela sans préoccupation de l'appareil aisément dissimulé. Quant au plâtre, s'il est d'un usage favorable aux légers ouvrages, il sert trop souvent à dissimuler sous des enduits, du reste peu durables, la médiocrité des matériaux et leur emploi négligé.

Il n'en est pas de même en Angleterre. La pierre, rare et coûteuse, n'est employée en grandes masses que pour les monuments ; dans la construction courante elle est forcément ménagée. Ainsi donc un peu de pierre pour la sculpture, des pierres dures de petites dimensions pour les parties résistantes, et surtout la brique rouge avec ses compléments naturels, terres ornées, émaux, etc., tels sont les éléments dont dispose ordinairement le constructeur anglais. Il les utilise avec un grand souci des différentes combinaisons qui peuvent contribuer à l'agrément de l'architecture.

Les aspects de la moderne Cité de Londres, nous les retrouvons quelque peu dans les grandes villes de l'Angleterre. La plupart ont suivi le mouvement de la capitale et se sont transformées. A Manchester, le gothique moderne s'impose avec avantage, les Assize Courts et le Town Hall de M. Waterhouse aidant. Il est vrai que les monuments classiques, tels que le Royal Exchange et le Free Trade Hall, sont des œuvres très inférieures. A Birmingham, qui apparaît comme une ville plus gaie et plus élégante que Manchester, le gothique s'est fait plus aimable. Citons les écoles de dessin sur Edmund Street et le « Mason College of science » qui offrent un agréable mélange de pierres et de briques. Le nouveau Musée ou « The Central Free Library and Art Gallery » se relie par des ordonnances composites bien médiocres au « Council House ».

A Liverpool, l'architecture prend une allure puissante. Le classique y est représenté par un beau monument, le Saint-Georges Hall. C'est un édifice corinthien qui abrite une vaste salle disposée pour les grandes auditions musicales. Achevé en 1855, il fait honneur à feu H. L. Elmes qui en avait conçu le plan. Mais le gothique est cependant bien représenté à Liverpool et semble garder la faveur populaire. Témoin ce matelot qui, nous faisant visiter un immense transport à vapeur, exprimait son vif désir de connaître le beau Paris, pensant bien que tout devait y être gothique! C'est dire combien, à un moment, le gothique a séduit les moindres classes de la nation anglaise.

A Edimbourg, le goût moderne pour le moyen âge a élevé de nombreux édifices dont les formes pittoresques agrémentent heureusement les masses sombres de la vieille ville. Il est vrai que sur les hauteurs opposées le classique le plus absolu et le plus sec a élevé ses temples.

A Glasgow, ce sont encore de puissantes constructions avec tout l'arsenal gothique qui étonnent le voyageur par leurs tournures de forteresses. Mais le commerce s'y plaît, paraît-il, et y fait ses affaires quand même! Nous devons une mention spéciale au « New Stock exchange », à l'angle de Buchanan Street, dans un gothique XIIIe siècle bien étudié.

S'il en est ainsi au Nord, dans les villes plus rapprochées de Londres le moyen âge n'a pas moins prospéré. A Bristol, signalons cependant une nuance : là le roman semble l'emporter sur le gothique. Il est vrai que Bristol possède de beaux restes bien conservés de l'architecture normande et que les architectes locaux ont dû s'en inspirer.

Nous pourrions, en visitant certaines villes du Sud transformées et agrandies, y trouver de nombreux monuments d'architecture civile et religieuse, exécutés sous l'impulsion des grands travaux entrepris dans la capitale [1].

1. Le nouveau Guildhall de Plymouth en gothique moderne, de caractère mâle et solide, d'ensemble pittoresque et mouvementé, est une œuvre marquante de

Mais il faut renoncer à ces développements, auxquels trop peu de lecteurs pourraient s'intéresser, pour entrer définitivement dans la période d'architecture tout à fait contemporaine.

DESSINÉ PAR M. R. NORMAN SHAW, R.A., ARCHITECTE
(Château de Dawpool (Cheshire). — Dessin de l'atrium.)

MM. Norman et Shaw. Il semblerait que l'architecture de E. W. Godwin leur a servi de modèle.

XI

Qu'est-ce donc que le style « Queen Anne », qui a aujourd'hui les préférences de nos voisins les Anglais?

C'est assez difficile à expliquer, comme tout ce qui est mode.

Du temps de la reine Anne, dont le règne dura peu de temps, de 1702 à 1714, les monuments étaient tous construits dans le style italien classique, selon les formules absolues des Vignole et des Palladio. Quant à l'architecture privée, elle était réduite aux éléments décoratifs les plus modestes.

Nous l'avons dit en commençant cette étude, les façades en briques rouges étaient simplement ornées de détails classiques, chambranles, pilastres, corniches et frontons, souvent en bois et peints en blanc. En somme, une masse rouge relevée de quelques agréments blancs dont l'architecture n'était qu'une forme simplifiée de l'architecture hollandaise transportée en Angleterre par Guillaume III. Il y a encore à Londres et dans les comtés de nombreux échantillons intacts de cette architecture très simple, quelquefois même pauvre d'aspect, mais dont le caractère modeste convient à l'habitation et forme le cadre logique de la vie anglaise, de cette vie de famille discrète dans son intimité.

Comment le gothique, qui naguère faisait fureur en Angleterre, a-t-il pu être supplanté si rapidement et si complètement par une architecture qui au premier abord semble offrir peu de ressources à ses imitateurs?

Cette transformation soudaine du goût n'a pu se produire que par un revirement de mode auquel ne pouvaient s'opposer des traditions constantes d'art.

En Angleterre, en effet, il n'existe pas un enseignement officiel ayant pour mission de défendre et de propager certains principes artistiques dont l'application et la transmission forment ce que nous appelons une École [1].

C'est encore par le système ancien de l'apprentissage que les jeunes élèves architectes anglais se forment chez un patron qui, de son côté, travaillant isolément, subit facilement le contre-coup du goût public dont il dépend. De là ces fluctuations et cet éclectisme qui sévit plus encore là-bas que chez nous, défendus que nous sommes contre des égarements trop fantaisistes par l'enseignement de notre École des Beaux-Arts.

Il s'ensuit que les architectes anglais reçoivent une instruction plus pratique que théorique, qui les prédispose à ces menues recherches de construction et de distribution qui spécialisent l'habitation anglaise.

Quoi qu'il en soit, la réaction dite « Queen Anne » fut en grande partie la conséquence des abus qu'on avait faits du style gothique. On commençait à se lasser des châteaux forts, de l'architecture « Castellated », lourde et attristée, qui emprisonnait l'habitant dans des intérieurs assombris, au lieu de lui offrir une douce quiétude dans une demeure égayée.

D'un autre côté, après avoir glorifié longtemps le moyen âge, ses arts et ses monuments, les poètes et les littérateurs anglais se prenaient de tendresse pour les mœurs plus douces du XVIIIe siècle et pour l'architecture aimable de cette époque.

Particulièrement, Thackeray et sa fille miss Thackeray, dans

---

1. L'Académie royale a fondé à Londres une école d'architecture. Mais école privée, non subventionnée, cette école ne relève que de l'Académie dont les membres architectes surveillent tour à tour les cours du soir constitués en 1870, sous la direction de M. R. Phené Spiers, ancien élève de l'École des Beaux-Arts de Paris et de M. Questel.

quelques-uns de leurs romans, firent valoir les usages, les goûts, l'art de ce temps. On montre dans « Kensington Palace Gardens » la maison que Thackeray se fit construire dans le goût de l'époque Queen Anne qu'il affectionnait. Cette maison, d'ailleurs simple et distinguée, avec une certaine saveur classique, est sans doute la première construite, à Londres, dans ce style qui devait bientôt tout envahir.

Un architecte de valeur, M. Philip Webb, vers 1861, élevait à Upton, près de Bexley (Kent), une autre maison de même genre pour le poète William Morris. Cette maison n'est pas de style « Queen Anne » tel qu'on le comprend aujourd'hui. Elle est entièrement en briques, et l'aspect général reste gothique, malgré les fenêtres « Sash Windows » et une couverture en tuiles [1]. William Morris s'est plu à en peindre et décorer lui-même les intérieurs. Toutefois ce décor relève surtout du XIVe siècle italien qu'une nouvelle admiration pour Dante, Pétrarque et les anciens poètes classiques mettait alors en faveur.

En effet, William Morris, poète distingué, en même temps que savant chimiste, peintre verrier [2], fabricant de tentures et de papiers de décoration, devait largement contribuer, avec un certain groupe d'artistes [3] qui mettaient leurs efforts en commun, à la transforma-

1. Les œuvres très recherchées et très particulières de M. Webb sont d'un caractère mixte, qui tient à la fois du gothique et du Queen Anne. Telle la maison voisine de celle du poète Thackeray et appartenant à M. George Howard.

2. Les vitraux composés par Burne Jones et exécutés par William Morris sont assurément très remarquables. Le beau vitrail de Saint-Trideswyde, dans la cathédrale du Christ Church à Oxford, exécuté vers 1858 par W. Morris sur les dessins de Burne Jones, conserve encore un caractère gothique adouci par l'influence préraphaélitique qui commençait à se faire sentir.

3. Le Hogarth club, aujourd'hui disparu, avait réuni le célèbre poète Swinburne et W. Morris, le peintre-poète Rossetti et Burne Jones le peintre coloriste dont les belles décorations sont réputées, l'architecte Philip Webb et les peintres Holman Hunt, Madox Brown, etc.

tion de l'ornementation intérieure et du mobilier, pour les accorder avec le nouveau style.

Mais leurs sympathies se partageaient entre le « Queen Anne »

MAISON A LONDRES. — COLLINGHAM GARDENS.
MM. Ernest George et Peto, architectes.

et le préraphaélitisme italien dont ils devaient être aussi les premiers apôtres.

Ces diverses constructions n'étaient encore que des essais isolés. Il appartenait à MM. R. Norman Shaw et William Eden Nesfield, associés dans leurs travaux, de développer ces tendances et d'affirmer le style nouveau dans des œuvres d'un caractère marqué.

En 1864, M. R. Norman Shaw, chargé de restaurer et d'agrandir une maison dans le comté de Kent, s'inspirait des constructions anciennes et modestes du pays, rejetant les formes gothiques dont jusqu'alors il avait fait usage. Il abandonnait les cintres et les ogives pour faire des fenêtres rectangulaires à vitraux mis en plomb au carré et couvrait ces constructions de tuiles du pays. C'était peu de chose en apparence, et cependant c'était là un commencement de révolution, par un retour aux systèmes les plus simples par opposition aux complications inutiles et aux recherches prétentieuses du néo-gothique alors devenu vieux.

Plus tard, en 1867, M. Nesfield, construisant un château à Kinmell, donnait à son édifice le caractère des galeries de Hampton-Court sur le jardin et sur la cour de la Fontaine. M. Nesfield revenait aussi au système oublié des fenêtres dites « Sash Windows » subdivisées en vitraux rectangles par de larges « sash bars ».

Cette fenêtre, bien anglaise et très pratique, que nous appelons « à guillotine » et que nous méprisons à tort, avait été forcément négligée pendant la période du néo-gothique aux formes duquel elle ne pouvait s'approprier.

Un an plus tard, vers 1868, W. Nesfield construisait une petite « lodge » à l'entrée de Regent's Park. Cet édicule devait compléter la révolution commencée. Il transforma l'architecture domestique et campagnarde en lui offrant comme modèle un prototype nouveau. Nous ne saurions trop signaler cette minuscule construction dont le caractère fantaisiste et pittoresque engagea insensiblement presque tous les architectes anglais dans des tentatives semblables. A ceux qui s'étonnaient de voir MM. R. Norman Shaw et William Nesfield délaisser leurs formules moyen âge pour cette architecture qui ne semblait qu'une autre répétition d'un passé plus rapproché, ces architectes répondaient volontiers : « Nous ne copions pas, nous prétendons faire œuvre moderne en reprenant

simplement la suite de notre architecture locale, trop longtemps
négligée, pour un retour en arrière vers les formes moyen âge. Et
d'ailleurs le gothique moderne a-t-il tenu ce qu'il promettait? Nous
attendions de lui tout un régime de logique et de sincérité. Mais,
après une longue expérience, les imitateurs du moyen âge nous ont
bien montré qu'on pouvait faire tout autant de mensonges en gothique qu'on en faisait au commencement du siècle en élevant des
colonnades antiques et des faux temples en stuc. On a pris au
gothique des formes et des modes de construction qui n'ont plus
aujourd'hui leur raison d'être, étant données les ressources dont
nous disposons; on a falsifié ces formes, et, sous prétexte de faire
de la construction apparente, on s'est complu dans des recherches
puériles et superflues, souvent même dans l'accentuation de faux
appareils. De plus, au lieu de s'en tenir aux formes simples et
modestes des habitations du moyen âge, on a emprunté aux grands
édifices tous leurs éléments décoratifs pour les appliquer à notre
architecture domestique avec une surcharge déplorable. Ces éléments, à leur échelle dans une église, par exemple, sont faussés
dans leur principe quand on les rapetisse aux proportions d'une
maison. De même pour certains procédés de construction qui ne
doivent être employés que lorsqu'ils sont motivés par les charges et
les dimensions. D'ailleurs, voici bientôt cinquante ans que Pugin
s'est efforcé de familiariser nos ouvriers et leurs patrons avec les
formes et les procédés du moyen âge. Depuis on a construit des
centaines d'églises et de monuments dans ce style, on a ouvert des
musées spéciaux où tous peuvent étudier les débris du passé. Et,
malgré tant d'efforts pour réimplanter chez nous le gothique, lorsque les ouvriers et les entrepreneurs sont livrés à eux-mêmes, ils
reviennent toujours au vieux genre anglais classique. Des milliers
de maisons continuent à s'élever autour de Londres, formant des

quartiers entiers, suivant les procédés du « Vernacular », c'est-à-dire suivant les anciennes habitudes locales. Et encore, n'est-il pas choquant de voir nos modernes maisons gothiques meublées de toutes pièces dans un style moderne très différent, mais, il est vrai, bien approprié à nos mœurs et à nos besoins? Pourquoi donc lutter plus longtemps et aussi inutilement? Reprenons notre tradition nationale où nous l'avons laissée, inspirons-nous d'un passé plus rapproché de nous et par suite plus en harmonie avec nos mœurs présentes. Peut-être n'est-il pas de grande valeur artistique, mais nous pouvons l'améliorer au profit du présent. »

C'est en conséquence de ces idées que M. R. Norman Shaw a construit en 1872, dans la Cité, Leadenhall Street, une maison bien typique connue sous le nom de « New Zealand Chambers ».

M. R. N. Shaw, en s'inspirant des anciennes constructions du XVIIIe siècle qui subsistaient dans les environs, a fait une œuvre très originale qui depuis a été souvent imitée et dans son principe et dans ses détails. Mais nous croyons que M. R. N. Shaw s'est surtout souvenu, en élevant cette maison d'aspect remarquable, d'une gentille maison d'Ipswich, datée de 1567, connue sous le nom de « Sparrow's house », la maison du moineau. On remarquera, sur la reproduction que nous avons pu donner de l'œuvre de M. R. N. Shaw, comment l'architecte, empêché de bâtir en saillie sur la voie publique, a trouvé moyen d'établir en recul, dans l'entre-deux des piles en briques qui constituent le gros œuvre de la façade, deux étages de « bow windows » superposées. Ces larges ouvertures, qui caractérisent l'ancienne architecture anglaise, distribuent aux intérieurs une lumière précieuse et permettent des vues obliques tout en conservant à la façade un caractère monumental. De plus, les surfaces d'enduits, et en particulier celles abritées par la corniche saillante en voussure, sont ornées d'ornements

et de rinceaux en relief qui semblent taillés dans la masse fraîche
du mortier suivant les méthodes du XVII° siècle [1].

Des circonstances particulières devaient favoriser le développement du nouveau style ainsi inauguré par MM. W. Nesfield et
R. N. Shaw.

Vers 1870, M. J.-J. Stevenson, architecte d'Édimbourg, vint
s'établir à Londres. Il avait eu l'occasion d'étudier le « Scottish
Baronial », style du XVII° au XVIII° siècle, dans lequel les détails
classiques servent à orner des maisons composées pittoresquement
en gothique, ainsi qu'il en était dans les premiers temps de notre
Renaissance française.

S'associant avec M. Robson nommé en 1872 architecte du
School Board à la suite de l' « Education Bill » de 1870, M. Stevenson eut l'occasion de construire à Londres un nombre considérable d'écoles.

M. Stevenson, appréciant tout le parti qu'on pouvait tirer de la
brique abondante à Londres, inclina tout naturellement vers l'art
des XVII° et XVIII° siècles qu'il connaissait bien. Les premières
écoles de MM. Stevenson et Robson servirent par suite de types à
toutes celles élevées dans la capitale et furent copiées partout en
Angleterre, ce qui contribua aisément au développement du style
« Queen Anne ».

Mais, il faut le dire, le « Queen Anne » s'est transformé lui-même
presque aussitôt, et le style aujourd'hui régnant en Angleterre ne
saurait aisément se réclamer de la reine à laquelle il doit son nom.
On retrouverait difficilement les éléments de ses origines dans cet
art multiple, fantaisiste et charmant, qui égaye maintenant de ses
notes rouges les villes et les campagnes de l'Angleterre. Le style

---

1. Voir, p. 57, la maison de Maidstone, démolie il y a quelques années.

actuel s'est enrichi de nombreux emprunts faits à l'architecture des Pays-Bas, en même temps qu'il puisait en France, aux bords de la Loire et sur les côtes de la Normandie, quelque chose de l'élégance et de la grâce du XVIᵉ siècle.

Ainsi l'édifice construit par M. Bodley pour loger les offices du School Board participe à la fois des constructions d'Anvers et des châteaux de Chambord, de Chenonceaux, ou même des maisons de Caen, auxquelles il emprunte leurs hautes lucarnes. Ce n'est donc pas là du vrai « Queen Anne », et cependant, à défaut d'autre, nous sommes réduit à réunir sous cette même appellation la plus grande partie de l'architecture actuelle anglaise.

Quelques-uns ont proposé de la désigner sous le nom de « Free classic » (libre classique), ou sous celui de « Stuart style » qui embrasse une plus longue période historique et se trouve par suite moins déterminé. Mais l'étiquette « Queen Anne » semble prévaloir quand même, et nous devons l'accepter, si peu explicite qu'elle soit.

La construction a été tellement abondante depuis une quinzaine d'années en Angleterre que nous aurions peine à suivre le « Queen Anne » dans ses différentes évolutions.

Avec M. W. Nesfield, M. R. N. Shaw en a été le plus influent promoteur. Nous ne pouvons énumérer les nombreux travaux d'architecture privée qui ont établi la haute réputation de cet artiste : toutes ses œuvres sont aussi remarquables par l'invention générale, toujours très imprévue, que par des détails d'une recherche charmante.

Il suffira, nous pensons, pour faire apprécier cet architecte éminent à sa juste valeur, d'appeler l'attention sur ses « Albert Hall mansions », réunion de vastes maisons à étages, et sur une de ses dernières constructions à l'angle de Saint-James Street et de Pall Mall, dont nous donnons plus haut la reproduction.

Cette construction montre ce qu'est devenu le modeste « Queen Anne » d'autrefois entre les mains d'un artiste habile à envelopper de formes classiques des compositions conçues souvent selon les données pittoresques du moyen âge [1].

Après M. R. Norman Shaw, il faut nommer les architectes qui ont pratiqué et pratiquent encore avec le plus de succès le Queen Anne sous ses divers aspects : MM. Gilbert Scott fils, Champneys, Collcutt (cité plus haut pour sa maison gothique. Saint-Bride Street), Jackson (dont nous avons fait voir la belle salle d'examens à Oxford), Macartney. Newton et Prior (élèves de M. R. N. Shaw), May. Tarver, et surtout MM. Ernest George et Peto, qui remplissent la campagne anglaise et les nouveaux quartiers de Londres, du côté de Kensington et de West Brompton, de leurs coquettes créations.

A vrai dire, leur « Queen Anne » est de l'architecture flamande, brique [2] et pierre, à pignons ressautés, mais très habilement maniée et adaptée aux plans anglais avec leurs « bow windows » saillantes. leurs perrons et leurs petits porches, leurs lucarnes superposées et les hautes souches de cheminées qui dominent les toits de tuiles rouges. Après les maisons d'autrefois réunies et juxtaposées en des ensembles visant au majestueux, ce sont maintenant de petites maisons toutes distinctes, toutes variées dans leur agglomération.

1. C'est qu'en effet M. R. N. Shaw se souvient quand même de ses premières études gothiques ainsi que presque tous les architectes qui aujourd'hui cultivent le Queen Anne après avoir été autrefois de fervents disciples du moyen âge.

2. Les briques sont taillées, usées, trempées dans un lait de chaux sur trois faces, puis mises en place. Les moulures sont faites au moyen de briques taillées ou moulées suivant les profils donnés. Les ornements sont sculptés en plein dans la brique rouge d'un grain très fin, très serré, mais très doux.

XII

Du dedans le « Queen Anne » s'est répandu au dehors, ainsi que nous le disions plus haut. De Londres il a gagné tout le Royaume-Uni et même l'Irlande. Dans les comtés il a trouvé un aliment nouveau dans les vieilles constructions en bois des XVe, XVIe et XVIIe siècles, dites « Half Timber », dont on trouve des restes nombreux aussi bien dans l'Est que dans l'Ouest et dans le Sud. Mais les plus précieux échantillons de ces constructions, dans lesquelles le bois apparent joue le rôle important, se voient à Chester, à Shrewsbury, à Ludlow, comme à Coventry, à Warwick, à Dartmouth, à Ockswell (Berkshire), à Ipswick, à Oxford, à Ledbury (Herefordshire), et dans les régions avoisinantes.

Dans le Cheshire, particulièrement, le style « Half Timber » a laissé des spécimens remarquables : Bramhall Hall et Moreton Hall.

Le « Queen Anne » a donc pris un caractère rustique en s'associant avec les larges pans de bois apparents brunis de goudron et se détachant sur le fond des hourdis de remplissage blanc. Il a gagné à cette transformation une saveur toute nouvelle. On ne peut rester insensible devant les charmantes constructions de toutes sortes que M. John Douglas a élevées à Chester et aux environs. Les petites habitations variées qu'il a construites dans le parc d'Eaton pour le duc de Westminster sont non moins séduisantes.

En briques et bois avec quelques rehauts de pierre, couvertes en tuiles, presque entièrement rouges, mais d'un rouge clair et fin, elles se détachent sur les fonds verdoyants de la campagne d'une façon très agréable. Toujours d'exécution soignée, quelques-unes se présentent avec un complément d'annexes importantes qui en

THE GATE HOUSE, ECCLESTON HALL

Porte d'entrée au château d'Eccleston. — M. John Douglas, architecte.

font en quelque sorte de petits manoirs complets dont se feraient honneur nos bourgeois aisés. Et cependant ce ne sont là que les habitations des principaux serviteurs du noble duc : agent, bottler, jardinier chef et autres. Que dirais-je de la demeure du secrétaire particulier de Sa Grâce? C'est un petit château [1] !

A la suite de ces coquettes habitations se présentent les communs immédiats d'Eaton Hall, importants par le nombre et le luxe des différents services. M. Waterhouse, renonçant à ses préférences d'ancienne date pour le gothique, les a traités dans un style mixte Queen Anne et Half Timber de sa façon, plein d'intérêt.

Nous avons déjà noté que ce château gothique moderne avait été complètement et récemment remanié par M. Waterhouse. Aux couronnements de créneaux, derrière lesquels le premier architecte, Porten, avait, au commencement de ce siècle, dissimulé ses toits plats, M. Waterhouse a substitué des toitures multipliées et considérables. Les parties en aile ont été surélevées, une grande galerie s'est étendue vers le sud pour recevoir une bibliothèque. Au nord, M. Waterhouse a construit une riche chapelle signalée par un haut clocher, sorte de diminutif de celui de Westminster. A cette chapelle se relie tout un corps de logis nouveau. Le château n'a pas été moins transformé à l'intérieur qu'à l'extérieur. Les appartements de réception, luxueusement décorés de peintures, de fresques, de sculptures, sont précédés par un beau Hall d'entrée qui, comme tout le reste, garde, de ce renouvellement total du château primitif, un caractère gothique, majestueux, mais un peu alourdi.

1. Aux abords des parcs qui accompagnent les châteaux et les résidences importantes sont habituellement élevés des pavillons d'aspect imposant qui en marquent et en abritent l'entrée. Ces « Gate houses » servent en même temps de logis pour des gardiens chefs et autres serviteurs. Nous présentons ici la « Gate house » du château d'Eccleston, par M. John Douglas. Elle indique bien le développement que prennent souvent ces constructions accessoires de toute demeure seigneuriale

Cette rapide visite de la demeure somptueuse d'un grand seigneur nous a détournés des simples habitations anglaises.

Revenons aux charmantes constructions modernes du Chester [1] et du parc d'Eaton Hall. Il ne faudrait pas croire que les soins et le goût apportés dans leur exécution fussent une sorte d'exception résultant des ressources mises à la disposition de l'architecte par un seigneur magnifique. Certes les choses ont pu être faites là plus

MAISON DE CAMPAGNE (KENT HATCH WESTERHAM).
M. Ed. Macartney, architecte.

largement qu'ailleurs; cependant, il faut le reconnaître, dans les plus petits centres, dans les coins les plus reculés de l'Angleterre, on trouve de modestes constructions faites avec un art réel et un souci constant du bon emploi des ressources locales.

Autour des villes, aux environs des villages, beaucoup de maisons, il est vrai, sont faites à l'entreprise, toutes semblables sur des

1. Nous devons une mention spéciale aux coquettes maisons du Grosvenor Park et au Grosvenor Hotel de Chester.

modèles classifiés : maisons de bourgeois ou maisons d'ouvriers, maisons de paysans ou maisons de mineurs, elles s'alignent en longues files sur les terrains découpés régulièrement d'un quartier nouveau ou d'une petite ville naissante.

Mais encore visitez ces maisons. Vous en trouverez le plan confortable, pourvu de tout ce qui peut rendre la vie de famille agréable. Aussi, la moindre de ces habitations est-elle toujours bien tenue. Sa « bow window » est égayée de fleurs et ornée de rideaux, son escalier droit est garni d'un tapis.

Il serait intéressant d'expliquer, par des considérations sociales et économiques, pourquoi l'existence du travailleur, ouvrier ou paysan, se trouve généralement plus dignement entourée et assurée en Angleterre que chez nous et pourquoi le plus pauvre apporte dans la tenue de son intérieur, du « home », un certain sentiment de « respectability » peu connu dans nos campagnes et dans notre classe ouvrière. Mais ce serait trop s'éloigner du « Queen Anne ».

Nous le trouverons en plein épanouissement à Bedford Park, aux portes de Londres. C'est une sorte de petite ville campagnarde qui a surgi presque tout d'un coup, par la volonté d'un riche propriétaire de terrains. Il a demandé des plans à MM. Godwin, R. N. Shaw et autres, et aussitôt, sur les terrains lotis, se sont élevées des maisonnettes plus engageantes les unes que les autres et bientôt habitées. Pour ornements, des toits bien mouvementés, des lucarnes variées, des bow windows partout, des petits porches hospitaliers; des matériaux légers, mais bien appareillés; à l'intérieur un confort, un souci de tous les services, rares dans des habitations de très modestes dimensions et de valeur minime comme celles-ci. Ces charmantes villas agglomérées, de proportions et de formes différentes, mais de coloration presque unique,

— le rouge clair est la note dominante du tout. — se sont agréablement complétées par une église, une auberge, des magasins, un club, dans le même style ancien. On a su tout prévoir. Chacun de ces petits édifices, qui mériterait une description spéciale, contribue à donner à Bedford Park l'aspect très curieux d'une vieille petite ville anglaise.

On doit facilement voir que le nouveau style « Queen Anne ». —

MAISON ET SERVITEUR CHEF DANS LE PARC D'EATON-CHESHIRE
M. John Douglas, architecte.

puisqu'il faut l'appeler ainsi. — nous a de suite conquis, et nous nous plaisons à dire sincèrement l'excellente impression que nous en avons tout d'abord ressentie.

Mais, si charmé que nous soyons par cette nouvelle évolution de l'architecture anglaise, nous ne pouvons nous empêcher de voir les côtés faibles, nous pourrions dire dangereux, du style nouveau.

Passant du gothique au « Queen Anne ». les architectes anglais ont apporté dans leurs nouveaux travaux le besoin des lignes et des formes cahotées, qui avaient été l'excès de leur gothique moderne à son déclin. Le « Queen Anne » était une réaction en faveur de la simplicité, et les créateurs du style n'ont pu eux-mêmes se maintenir dans la simplicité. Nous ne saurions blâmer le pittoresque en architecture. Nous croyons même qu'il est bon d'animer les lignes et les surfaces. Mais encore faut-il que le pittoresque soit la résultante du plan ou l'expression de besoins extérieurs. Ce ne peut être seulement une superposition.

Or, par passion irréfléchie du pittoresque, les architectes anglais en sont venus à chercher les formes extérieures d'abord et à leur subordonner le plan ensuite. On se préoccupe des mouvements de la toiture avant d'assurer les besoins de l'intérieur : la plupart des accidents extérieurs, je veux dire les parties saillantes comme les parties rentrantes, ne sont pas justifiés. D'où des intérieurs peu harmonieux, une succession de pièces juxtaposées, non liées entre elles, avec des formes bizarres, des pénétrations et des redans, des hors de niveau de plancher inquiétants, sinon pour l'habitant, du moins pour le visiteur, des ouvertures de dimensions très différentes sans raison aucune [1], des étages importants sacrifiés sous les combles pour avoir le bénéfice apparent des hautes toitures et des lucarnes fantaisistes.

Une seule chose reste invariablement respectée dans ses divisions et ses subdivisions obligées. C'est le côté des communs : kitchen, scullery, pantry, larder (cuisine, laverie, garde-manger, offices), etc. On ne touche pas à ces parties utiles et spéciales de l'habitation. Tout y est combiné pour le meilleur service. Quant au reste, l'architecte et le propriétaire paraissent sacrifier volontiers

---

1. Il s'ensuit que la « bay window » se trouve maintenant souvent remplacée par de petites fenêtres ouvrant sur le dehors. Elles s'adaptent mieux aux baies subdivisées par les meneaux de pierre, de briques ou de bois.

quelque chose de la commodité du dedans aux aspects pittoresques du dehors. C'est d'un sentiment en apparence louable, puisqu'il semble favoriser l'art. Cependant ce sentiment est en désaccord avec les règles élémentaires de logique qui de tous temps ont été le fondement même de l'architecture.

D'ailleurs, pourquoi se forcer? D'un plan bien conçu et bien accentué découlent des extérieurs harmonieux, pittoresques ou graves, suivant qu'il convient.

Cette recherche du pittoresque quand même, sans justification, fait perdre aux édifices leur caractère propre. Or, sans caractère, il n'y a pas d'architecture, il n'y a plus que des images plus ou moins décevantes. C'est là le danger du nouveau style à la mode en Angleterre. Il peut succomber sous l'excès d'une fantaisie sans frein dont on se lassera comme on se lasse de tout ce qui n'est pas justifié par la raison.

Malgré ces critiques que ne méritent certainement pas toutes les nouvelles constructions anglaises, les intérieurs des habitations ont des charmes particuliers auxquels les bow windows multipliées ne sont pas étrangères. Elles font pénétrer dans les intérieurs la lumière et la vie du dehors. Elles empiètent sur l'extérieur au profit des pièces qu'elles agrandissent. Cela est précieux quand l'espace est limité. C'est du reste le cas de la plupart des petites habitations modernes. Aussi la place y est-elle utilisée avec une science consommée. Suivant le précepte anglais, chaque chose devant avoir une place et chaque chose devant être à sa place, les divisions intérieures sont multipliées. On préfère la quantité à la dimension, les étages sont plutôt bas, les pièces petites et de hauteurs différentes suivant leur affectation, ce qui avantage le dessus ou le dessous. Les escaliers de bois montent comme des échelles ; les moindres décrochements dans les combles, les plus petits réduits du sous-sol ont une destination fixe : aussi tous les services sont-ils assurés.

Dans ces intérieurs si bien subdivisés, machinés, outillés, quelque peu encombrés, on se croirait presque dans l'entrepont d'un navire. Il semble que l'Anglais apporte chez lui quelque chose de ses goûts et de ses habitudes de la mer et des lointains voyages. Pour compléter l'illusion du bateau, ajoutez que tout craque et résonne dans ces maisons proprement tenues, dont les planchers sont en bois comme la majeure partie de la construction. C'est bien fait, nous l'avons dit, mais sans force inutile, comme une boîte résistante et légère.

Une certaine senteur japonaise a d'ailleurs pénétré ces intérieurs, hors de niveau comme des étagères à ressauts, peints de couleurs vives dont nos yeux trop délicats sont déshabitués. Le rouge vif, le jaune clair, le bleu pâle, le vert pomme, avec des oppositions de brun foncé et de blanc et quelques rehauts de bronze ou d'or éteint, couvrent les lambris, les portes, les plafonds, ceux-ci décorés quelquefois d'enroulements à plat selon les types consacrés de Haddon Hall. Ces tonalités un peu crues s'opposent les unes aux autres dans une gamme générale, que quelques-uns pourraient trouver peut-être agaçante, mais qui, pour nous, réveille agréablement nos sensations endormies par les harmonies fades.

Ajoutez à cela des papiers et des tentures de même famille, dont les éléments décoratifs sont empruntés à la flore naturelle interprétée, souvent habilement, suivant le mode oriental. Sur ces fonds d'herbiers, des meubles d'aspect pratique, en menuiserie très soignée ; puis le goût des faïences et des porcelaines de l'Extrême-Orient, ces bibelots anciens ou étrangers qui pénètrent partout, et on comprendra facilement que la petite maison anglaise « Queen Anne », ainsi meublée, puisse séduire du premier coup le voyageur en quête d'impressions. Il est vrai que nous flattons peut-être un peu le tableau et que nous passons sous silence certaines petites horreurs qui s'étalent volontiers au milieu de tout mobilier anglais.

Nous pourrions ranger dans cette catégorie les cheminées en général. Elles sont restées à peu près ce qu'elles étaient autrefois, un laid récipient à charbon de terre, enjolivé d'une façon aussi fausse que détestable. Mais les architectes anglais s'efforcent maintenant

MAISON DE GARDE DANS LE PARC D'EATON-CHESHIRE.
(M. John Douglas, architecte.)

de rendre à la cheminée, au foyer de famille, la place d'honneur qui lui appartient. S'inspirant des hautes cheminées du moyen âge, qui sous leur vaste manteau abritaient et réchauffaient toute une maisonnée, cherchant des modèles de décoration et de goût dans nos belles cheminées de la Renaissance française, ils ont constitué une cheminée toute particulière, presque étrange, dont le type ancien se trouve fréquemment dans leur pays, et surtout dans le comté de Kent. Nous en avons donné plusieurs spécimens empruntés aux beaux travaux de M. R. Norman Shaw. Il s'agit là, certes, de grandes cheminées dans de vastes salles. Plus ou moins gothiques ou de style Renaissance, ce sont de véritables monuments. Ils offrent à la base un large réduit meublé spécialement, éclairé de petites vues particulières sur le dehors et sur l'intérieur, où, dans une sorte d'intimité plus grande, on peut, en famille, entre amis, jouir de la chaude atmosphère du foyer. Mais ce qui caractérise les cheminées de M. R. N. Shaw, c'est un second réduit situé, comme dans un entresol, au-dessus du premier. Éclairé de même sur le dehors et sur la salle intérieure, accessible par un petit escalier dérobé, il est favorable à la lecture, à l'étude, à la méditation, et permet au chef de famille de s'isoler de la salle commune tout en se sentant près des siens.

Les châteaux seuls peuvent recevoir de pareils monuments, de proportions énormes, habituellement construits en pierre. Mais, la mode aidant, chacun veut pouvoir s'abriter sous une cheminée, aux allures patriarcales, et c'est pourquoi dans les modestes et charmantes habitations construites par M. Ernest George, nous retrouvons cette forme de cheminée, réduite il est vrai, comme on peut le voir, aux proportions juste suffisantes pour y loger un simple fauteuil.

Nous voudrions faire pénétrer le lecteur dans quelques-uns de ces châteaux modernes dont les belles cheminées de M. Norman Shaw, dont le « New Salon » (Paddockhurst-Sussex) par M. Arthur Cawston, font soupçonner l'importance. Là, le « Queen Anne » se transforme encore, il emprunte davantage aux élégances de la Renaissance française, surtout dans les intérieurs. M. Devey s'est fait aussi une juste réputation dans la construction et la décoration de ces résidences.

Quelquefois ces châteaux ou ces résidences, malgré la richesse du dedans, affectent les aspects les plus discrets.

Le « Half Timber »[1] raye de ses larges bois, sombres sur le fond blanc des enduits, aussi bien les pignons de la demeure du maître que les plus modestes logis de ses valets. Sous cette écorce rustique on devinerait difficilement les somptuosités du dedans. Il est vrai que dans le Cheshire plusieurs vieilles demeures seigneuriales présentent pareille anomalie[2]. Mais cette anomalie n'en est pas moins

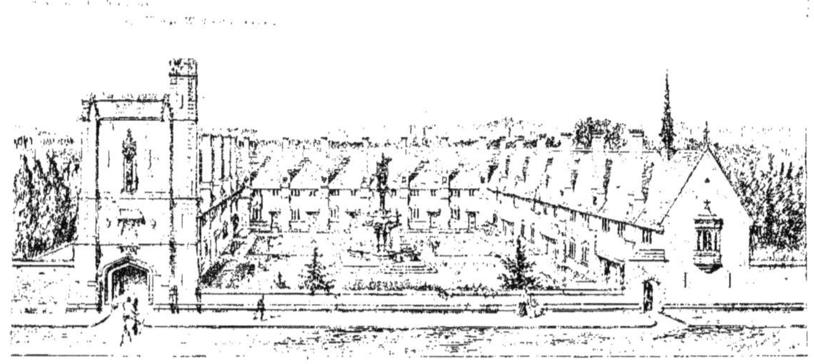

« A GROUP OF ALMSHOUSES », A WIGAN (LANCASHIRE), MAISON DE CHARITÉ POUR LES PAUVRES,
M. Thomas Worthington, architecte

étrange et le désaccord entre les faces intérieures d'un même tout ne saurait être à imiter.

M. Macartney, dans son habitation campagnarde appelée « Kent Hatch Westerham », nous montre une agréable association du « Queen Anne » avec le « Half Timber ».

1. En général les charpentes sont prises sur les propriétés qui sont richement boisées de chênes. C'est ce qui explique la persistance de l'emploi des bois apparents dans les habitations à la campagne.
2. Notamment le château d'Addington.

XIII

Comme nous le disions à propos du Town Hall de Manchester, M. Waterhouse, malgré ses succès dans le gothique, s'est laissé détourner de son style de prédilection pour ne pas rester étranger à la mode nouvelle. Nous en trouvons la preuve à Londres dans les « New Buildings » qu'il a construits derrière les « New Law Courts »; dans son « Technical College », élevé en 1884 sur Exhibition Road, et aussi dans le « National liberal Club », en cours d'exécution sur les bords de la Tamise, à l'angle de Northumberland Avenue[1].

Nous ne citons là que quelques-uns des travaux récents de cet architecte dont la verve abondante satisfait aux entreprises les plus vastes et les plus multipliées.

C'est tout en briques et en terres cuites que M. Waterhouse a construit les deux premiers de ces édifices. Au « Technical College », que nous trouvons un peu monotone d'aspect, malgré une savante composition, nous préférons les « New Buildings », qui, sur un plan irrégulier, présentent une cour intérieure de très séduisante tournure et des combinaisons remarquables comme briques et terres ornées.

Mais où la terre cuite triomphe sans partage, c'est dans le Musée d'histoire naturelle que M. Waterhouse vient de terminer non loin du South Kensington Museum, sur Cromwell Road. Il faut avoir vu ce monument colossal pour apprécier les proportions géantes de

---

1. Sur la même avenue on remarque « The Constitutional Club » construit par M. Edis, tout en terres cuites, dans un style « Queen Anne » très enrichi.

toutes ses parties. Derrière une façade de cathédrale, flanquée de deux grandes tours, s'étend une vaste salle d'entrée qui donne accès aux différentes galeries. Nos lecteurs pourront juger de cette salle par la vue perspective que nous en donnons. Chaque point d'in-

ÉCOLE A LONDRES.

J.-J. Stevenson, architecte.

tersection des lignes du plan rectangulaire est accusé par d'autres tours élevées.

Le tout dans un style pseudo-roman très riche, peu explicable, mais paré de tous les produits du règne animal et du règne végétal.

et entièrement construit en terres cuites de tons jaunes et noirs alternés.

Nous devrions plutôt dire revêtu, car ce vaste édifice est composé de blocages et de fers dissimulés sous un vêtement complet de terres cuites lisses ou ornées. Mais on peut s'y méprendre à première vue, car ce placage général simule des assises de toute hauteur, des claveaux, des archivoltes, des soubassements, enfin tous les éléments d'une solide construction apparente et raisonnée.

Aussi, malgré l'ampleur de la composition et des proportions, malgré l'habile étude des parties, malgré l'invention curieuse et amusante des détails, restons-nous surpris devant tout cet appareil de construction qui de bas en haut est factice, qui sur aucun point ne laisse apercevoir les vrais soutiens de l'édifice et qui nous semble une application outrée du bon principe de décoration par les terres cuites.

On ne saurait, d'ailleurs, demander à ce monument magnifique le caractère qui convient à un musée. Le caractère manque à la plupart des monuments anglais. L'architecte ne le recherche pas, il ne tente pas de donner à son édifice l'expression vraie de sa fonction utile. Dessinant presque toujours en perspective, — ce qui peut avoir du bon quelquefois, — composant de verve, nous pourrions dire sans étude suffisante, l'architecte anglais, tout préoccupé de l'effet extérieur, surcharge l'édifice de nombreux hors-d'œuvre. On en juge aisément par les « New Law Courts » de Street et par les monuments de la période néo-gothique, presque toujours accompagnés de motifs importants, surtout de grande élévation, absolument sans objet. Il s'ensuit que ces édifices ont presque tous une même physionomie, et qu'à première vue on a peine à distinguer, entre eux, un palais, un édifice religieux, un tribunal, un musée, un hôpital ou tout autre monument, le caractère spécial faisant défaut.

L'architecte anglais ne semble pas tendre davantage vers le Beau, résultat de l'harmonie et de l'unité. Il puise ses motifs à des sources très différentes, plus soucieux de reproduire des formes anciennes que d'en rechercher les principes. La beauté plastique le laisse de même souvent indifférent. Un grand mouvement dans les masses et dans les silhouettes, voilà sa préoccupation dominante. Les détails concourent à un effet d'ensemble, mais se recommandent moins par un charme épuré que par leur fantaisie ou même leur étrangeté.

Nous ne voulons pas, bien entendu, généraliser ces réflexions, et nous pensons avoir suffisamment témoigné de notre estime pour les œuvres des architectes anglais, pour qu'on ne puisse pas se méprendre sur le sens de ces réserves.

XIV

Si le caractère, si le style manquent à la plupart des monuments en Angleterre, nous avons vu, par contre, que l'architecture privée y est si bien caractérisée qu'elle reste, malgré les critiques de détail que nous avons faites, l'expression la plus intéressante de l'architecture anglaise.

Le « Queen Anne », en dépit de la vogue dont il jouit, ne triomphe cependant pas sans efforts ni sans partage.

M. Waterhouse nous en a détournés aussi bien par son imposant Musée d'histoire naturelle, de roman fantaisiste, que par ses autres constructions qui sont une variation très personnelle de cet artiste éminent sur le thème favori du moment.

Peu à peu, seulement, certains architectes abandonnent leurs préférences d'autrefois pour suivre une mode qui devient impérative. M. G. Aitchison, A. R. A., est un pur classique nourri des traditions d'Athènes, de Rome et de Byzance. On le voit bien dans cette salle exquise, atrium antique, salle byzantine, *patio* mauresque tout à la fois, dont il a embelli la demeure de l'illustre peintre et sculpteur, aujourd'hui président de la Royal Academy, Sir Fred. Leighton, baronet. L'image que nous en avons donnée est impuissante à rendre les séduisants effets de perspective et de coloration de cette salle ornée de fines mosaïques, de marbres précieux, de faïences anciennes incomparables.

Le « Smoking Room », que nous avons reproduit, est emprunté aux beaux hôtels construits ou décorés par M. G. Aitchison. Cet intérieur montre le goût assuré de cet architecte délicat pour les lignes pures et simples du classique. Mais dans de récents travaux, entre autres une charmante petite construction sur Pall Mall, M. Aitchison s'est montré plus librement fantaisiste. Il y a sacrifié à un « Queen Anne » très agrémenté de Renaissance flamande et française.

D'autres édifices construits dans ces derniers temps sur les larges quais qui s'étendent maintenant entre le pont de Westminster et celui de Blackfriars appellent aussi l'attention. De ce côté, en bordure sur de beaux squares, s'élèvent quantité de riches constructions civiles ou privées dont les toits élancés, les lucarnes ornées et ajourées, l'aspect général, ramènent la pensée vers les bords de la Loire, dont l'élégante architecture Renaissance est très étudiée en ce moment par les architectes anglais. Ainsi apparaît la construction monumentale qui sous le nom de « City of London School » s'élève non loin du pont de Blackfriars.

Avec ses hautes toitures ardoisées, ses tourelles aux angles, les pénétrations puissantes des arcatures de sa façade, une certaine abondance de décoration, l'œuvre de MM. Davis et Emanuel fait fort bon effet à quelque distance, car elle vaut plus par ses masses que par l'étude des détails.

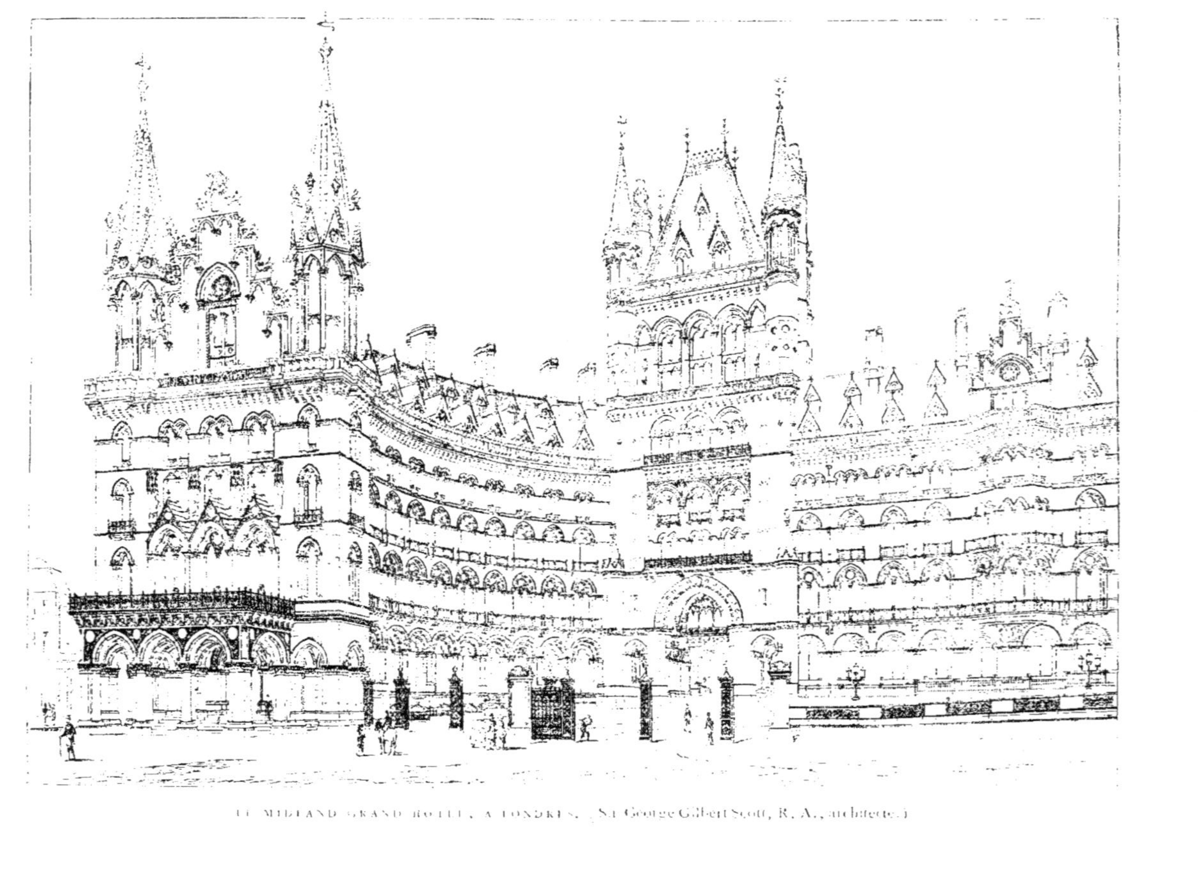

LE MIDLAND GRAND HOTEL, A LONDRES. (Sir George Gilbert Scott, R. A., architecte.)

A côté, Sir Arthur Blomfield reste fidèle aux délicatesses fouil-
lées du style Tudor dans son « Sion College » d'un goût très épuré,
tandis que les « School Board Offices » voisins, commencés par
M. Bodley et continués par M. Robson [1], présentent leurs façades
ajourées à la Flamande et surmontées de hautes lucarnes dans le
style de la Renaissance Normande.

On le voit, le « Queen Anne » laisse encore place à quelques
tentatives, soit vers l'art français, soit vers les traditions plus anciennes de l'architecture anglaise, pour les maintenir en vigueur.
Quelques-uns, grands admirateurs de notre enseignement artistique, restent fermement attachés au classique moderne : la recherche et l'application des principes raisonnés de l'art antique, et
non la simple reproduction irréfléchie des formes grecques ou
romaines.

Dans cet ordre d'idées nous pouvons citer quelques-uns des
travaux de M. l'Anson, aujourd'hui président de l'Institut Royal
des architectes britanniques. Sa « Bible Society », son hôtel pour
« The Scottish Widow's fund », avec trois ordres en granit cor-
rectement superposés, sont des œuvres dignes d'estime.

Pour faire connaître l'art architectural de nos voisins sous toutes
ses formes, ne devrions-nous pas parler encore des bibliothèques,
des écoles, des musées, des hôpitaux et aussi des gares de chemin
de fer et des hôtels pour voyageurs, qui sont d'art essentiellement
moderne? Mais où s'arrêter dans cette étude déjà trop longue pour
le lecteur? Notre confrère M. Pascal, architecte de la Bibliothèque

---

1. Nous avons parlé précédemment des nombreuses écoles construites par
M. Robson à Londres, ou ailleurs, comme à Sheffield. Parmi les autres édifices de
styles variés élevés par le même architecte, nous pourrions citer : l'église de Saint-
Cuthbert à Durham, celle de Sainte-Anne à Liverpool, puis le « People's Palace »
à Londres, vaste rotonde destinée aux plaisirs populaires, dont le dôme surbaissé
est dominé par deux tours carrées d'aspect hollandais.

Nationale, a fait sur les bibliothèques et facultés de médecine en Angleterre une intéressante étude avec toute l'autorité qui lui appartient[1]. Il serait donc superflu de revenir sur cette question. On sait d'autre part qu'à Londres la plupart des gares sont des constructions monumentales, et que les hôtels pour voyageurs, dans

CHAPELLE COMMÉMORATIVE RUFFORD,
(R.-W. Edis, F.-S.-A., architecte.)

l'aménagement desquels les Anglais sont passés maîtres, sont souvent des palais.

Comme preuve à l'appui, il suffit de citer la gare de Saint-Pancras et le vaste hôtel attenant construit par l'architecte Gilbert Scott. Cette gare colossale s'abrite sous une voûte unique, qui d'un seul jet de ses fermes de fer un peu ogivées franchit une portée de

1. *Les Bibliothèques et les Facultés de médecine en Angleterre,* Rapport au Ministre de l'Instruction publique et des Beaux-Arts. (*Revue générale de l'architecture et des travaux publics,* 1884.)

plus de 80 mètres! Quant à l'hôtel de style gothique très mélangé qui, devant la gare, se développe avec une importance exceptionnelle, c'est une profusion d'ornementation taillée dans les matériaux les plus riches et les plus résistants, au milieu desquels étincellent les granits polis. Comment comprendre ce débordement d'architecture, non certes sans réelle valeur, sinon comme une intelligente réclame dont, paraît-il, la Compagnie n'a qu'à se louer?

Pour n'être pas productifs, les hôpitaux ne sont pas moins luxueusement bâtis dans ce pays. Il faut croire que les généreux constructeurs de ces asiles ont tout autant le goût de l'architecture que la passion de la charité. Peut-être aussi tirent-ils quelque vanité de ces magnifiques fondations! Toujours est-il que nous avons constaté dans maints hôpitaux une énorme plus-value d'architecture et d'ornementation dont a tout lieu de s'étonner un architecte français, habitué à compter avec les ressources toujours limitées, souvent insuffisantes, des villes, des départements ou de l'État.

Ces luxueux établissements, habituellement de plan dispersé et de style gothique, apparaissent dominés de beffrois, flanqués de tours dont l'utilité semble contestable, mais qui, comme toujours, sont les compagnons inséparables de tout édifice anglais.

Si l'ostentation est quelquefois un des petits côtés de la charité, la charité a plus souvent encore des soins ingénieux pour réconforter l'âme en même temps que le corps. Dans les petites villes ou bien à la campagne, les modestes hôpitaux, les asiles divers de la maladie et de la misère, évitent, autant que possible, les aspects attristants. Ce sont de véritables cottages entourés de gazons et de fleurs, d'aimables retraites, et non pas des hôpitaux aux dehors redoutables pour les pauvres gens. C'est ici que le *caractère* architectonique de l'édifice peut avec raison se dissimuler sous les apparences les plus consolantes.

Les écoles de village ne sont pas moins gracieuses. Un petit porche, un campanile coquet, ornent l'édicule toujours tenu avec une rare propreté dont témoignent les intérieurs pourvus, dès l'entrée, de lavabos pour les enfants qui arrivent à l'école, et de services intimes tout à fait confortables. Trouvons-nous ces soins dans nos écoles, même dans les nouvelles?

MAISON DE CAMPAGNE A CHISLEHURST
Ernest Newton, architecte

Que dirai-je des églises des plus petits pays en Angleterre, environnées de pelouses bien entretenues, protégées par des clôtures sur lesquelles s'ouvre un porche abritant la porte de l'enclos, en même temps que des bancs d'attente favorables aux vieillards et aux infirmes? Quelle comparaison faire avec la plupart de nos églises de campagne, misérables, ruinées, désertes! Certainement, le sentiment religieux impose ces soins à un peuple très respectueux de son culte, et l'art y trouve son compte.

Nous insistons ainsi sur de menus détails, parce que, en vérité, c'est dans ses manifestations intimes que l'art anglais est le plus intéressant.

Évidemment, l'Angleterre possède de beaux monuments et nous avons dit tout le bien que nous pensions de quelques-uns. Mais ce n'est pas cependant dans ces monuments civils ou religieux que se révèle le mieux le génie de la nation.

Les monuments religieux procèdent de formes hiératiques imposées; les autres ont toujours quelque chose du convenu officiel, ils répondent à des besoins généraux qui sont à peu près les mêmes chez tous les peuples européens à un moment donné. Mais c'est dans l'architecture intime et privée qu'un peuple manifeste le plus ses besoins, ses goûts, nous pourrions dire son idéal. Car enfin ce qu'il tente, après avoir assuré sa vie, c'est d'entourer son existence selon le rêve qu'il s'en est fait. Or, l'architecture privée est, en Angleterre, éminemment expressive des besoins et des aspirations. Nulle part, en Europe, nous ne pourrions trouver une architecture privée qui, dans sa généralité, bien entendu, fût aussi caractéristique et nationale, et qui en même temps, par la logique de ses formes et de sa construction, répondît aussi bien aux lois essentielles de l'art. C'est pourquoi nous donnons à l'architecture privée anglaise une place importante dans l'art contemporain de tous les pays.

Toujours sous l'empire des féconds enseignements de l'art antique renouvelés par l'Italie de la Renaissance, attirés par les merveilles de l'art oriental, curieux de toutes les civilisations disparues, nous oublions trop facilement de regarder ce qui se passe autour de nous.

Dans notre contemplation admirative d'un passé radieux, nous ne remarquons pas les transformations incessantes de l'art suivant le renouvellement des peuples. Nous nous sommes habitués avec une certaine complaisance à ne considérer l'architecture anglaise que dans ses plus détestables pastiches grecs du commencement de ce siècle. Mais tout cela est loin, et l'Angleterre, après une période abondante de néo-gothique qui a laissé sur son sol des monuments d'une incontestable valeur, se recommande aujourd'hui par une architecture bien conforme à ses mœurs, véritable expression de la vie anglaise.

Nous serions heureux que cette étude sur l'architecture moderne en Angleterre pût donner à quelques-uns le désir de la mieux connaître et de l'apprécier.

XV

Depuis que les articles précédents ont paru dans la *Gazette des Beaux-Arts*[1], des travaux nouveaux et importants sont venus confirmer tout l'intérêt que nous attachons à l'étude de l'architecture moderne en Angleterre. C'est que dans ce pays riche, où les intérêts semblent pouvoir compter sur l'avenir, la construction ne chôme pas. De par les administrations, les municipalités, l'initiative privée, si audacieuse et puissante chez nos voisins, les établissements d'utilité publique se fondent, les monuments s'élèvent, pendant que les cités s'élargissent, que des quartiers tout entiers sortent de terre, que de récentes agglomérations créent de nouveaux centres, que des villas et des cottages multipliés égayent les campagnes environnantes, favorisant la vie en plein air si chère aux familles anglaises.

Un exemple frappant de ce que peut l'initiative privée en ce pays, toujours empressé quand il s'agit de travailler à sa propre gloire en même temps qu'au développement de la fortune publique, c'est l' « Imperial Institute ».

Lors du cinquantième anniversaire du règne de la reine Victoria, le prince de Galles songea à conserver le souvenir de ce Jubilé par la fondation d'un musée qui recevrait en dépôt des échantillons de tous les produits de l'empire des Indes et des colonies anglaises. Destiné ainsi à mettre en lumière les richesses de ces lointains pays, il devait encourager les entreprises industrielles

---

1. *Gazette des Beaux-Arts* (Paris : février, mars, août, décembre 1886 ; avril 1887).

et commerciales. Des « lectures », comme on dit là-bas, c'est-à-dire des conférences, des cours, expliqueraient la nature de ces produits, indiqueraient leur utilisation possible, en un mot, par une sorte d'enseignement spécial, tireraient tout le parti qu'on doit attendre d'un tel établissement[1].

Bien que ce vaste programme fût encore un peu dans le vague, à l'appel du prince de Galles les souscriptions généreuses ont afflué, et, en peu de temps, on réunit 400,000 £, soit 10 millions de francs. C'est ainsi qu'un concours limité fut ouvert pour la construction de l'« Imperial Institute ». On invita à y prendre part six architectes depuis longtemps recommandés par la valeur de leurs œuvres : Sir Arthur Blomfield, A. R. A., Thomas Edward Colleutt, J. G. Jackson, Aston Webb et Ingress Bell; puis Rowand Anderson pour représenter les architectes écossais, et Thomas N. Deane pour représenter ceux de l'Irlande.

M. T. E. Colleutt, ayant remporté le prix, se trouve aujourd'hui chargé de l'exécution de l'édifice dont nous présentons une vue d'ensemble. C'est un vaste monument dont les façades, très subdivisées, se silhouettent par de nombreux pignons répétés. Il est de style François Ier, diront nos confrères anglais, parce que les détails en sont en effet inspirés par certains monuments français de cette époque, qui de plus en plus sont étudiés et appréciés en An-

1. Plusieurs pays ont donné l'exemple de la création de musées commerciaux internationaux destinés à recevoir des échantillons renouvelables des produits de toutes les contrées du monde. Ces musées servent déjà très utilement les intérêts des pays qui les ont fondés. Il faut espérer que bientôt, en France, nous posséderons un établissement du même genre. L'Exposition universelle, qui vient de nous mettre en relation avec les représentants de tant de pays lointains, nous en offre une occasion exceptionnelle : nous savons, en effet, que la plupart de ces représentants se mettent à la disposition de notre gouvernement pour l'aider dans cette œuvre, désirée par toutes les chambres de commerce, et lui ont offert de nombreuses séries d'échantillons destinés à faire valoir les ressources utilisables de leurs pays respectifs.

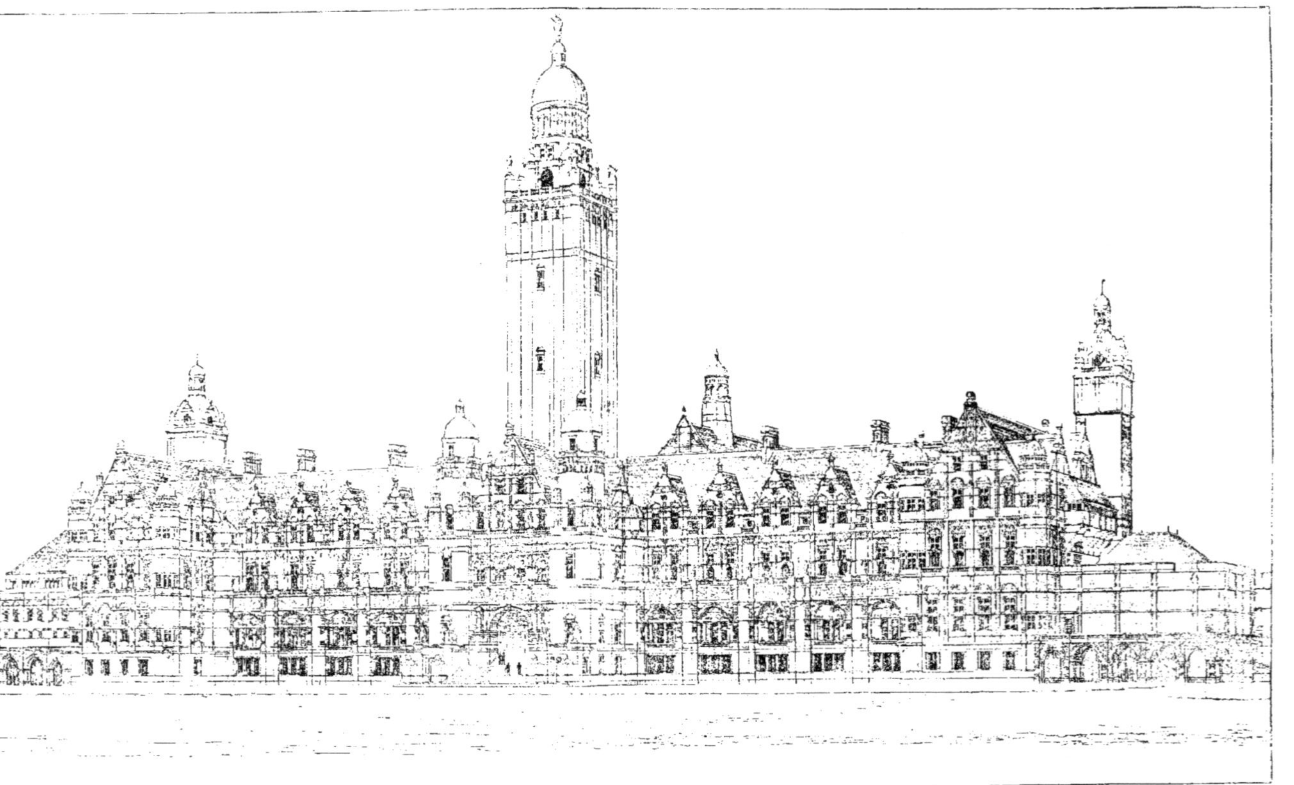

L'IMPERIAL INSTITUTE. — M. Thomas Edward Collcutt, architecte

gleterre. Mais ce monument n'est pas toutefois dans l'esprit de notre Renaissance; elle ne se fût certainement pas complu en un ensemble aussi régulier, qui reste quand même d'aspect général bien anglais. Une tour carrée, couronnée d'un dôme peu en accord avec la série des pignons inférieurs, écrase la façade principale de ses dimensions colossales. On demandera pourquoi cette tour? On pourra répondre sans doute qu'elle est destinée à contenir les réservoirs chargés d'assurer la conservation de l'édifice en cas d'incendie. Mais en réalité, en Angleterre, une tour répond presque toujours à une sorte de besoin esthétique que nous avons déjà signalé sans le bien comprendre. En ce pays, c'est de tradition ancienne, paraît-il, qu'une église, qu'un palais, qu'un château, qu'un musée, qu'une maison de campagne, que tout édifice, en somme, ne serait pas complet sans une tour au moins! Et c'est pourquoi nous voyons partout s'élever tant de tours de toutes formes et de toutes dimensions, fort pittoresques assurément, mais dont la nécessité ne s'impose pas à nos voisins, plus souvent encore épris d'idéal qu'on ne paraît ailleurs le soupçonner.

Des autres projets présentés pour l' « Imperial Institute » nous ne dirons qu'un mot, seulement pour indiquer les préférences du moment chez les architectes anglais, sans d'ailleurs expliquer comme il conviendrait les façades, par les plans assurément très étudiés qui devaient en être la justification[1]. Ainsi M. J. G. Jackson

[1]. Il serait certainement très intéressant d'étudier la façon dont les architectes anglais disposent un plan, d'autant qu'ils n'ont en rien notre manière de composer. Depuis la Renaissance nous procédons en nous inspirant des larges dispositions des monuments antiques ou italiens. C'est-à-dire que nous nous préoccupons beaucoup d'enfermer le monument et les besoins qui sont sa raison d'être dans une pondération des masses, une symétrie des parties, un accord des lignes et des axes, qui assurent certainement les grands effets décoratifs à l'extérieur et les belles perspectives à l'intérieur. En cela nous restons Latins comme nos ancêtres, nous subissons le génie de notre race et nous ne prétendons pas nous en plaindre. Toutefois ces

présentait une façade brique et pierre, style un peu Tudor, dont le motif milieu était une immense tour pyramidale. C'est en avant même de leur façade intéressante, au risque de la masquer, que MM. Aston Webb et Ingress Bell élevaient cette tour inévitable comme un beffroi carré. MM. Deane et fils développaient une série de colonnades classiques surmontées d'un dôme central im-

LES NOUVELLES COURS D'ASSISES A BIRMINGHAM.
(MM. Aston Webb et Ingress Bell, architectes.)

procédés de composition nous entraînent quelquefois à sacrifier l'utile à des considérations purement esthétiques. Aussi cet accord entre la forme extérieure et les besoins intérieurs est-il notre plus cruelle préoccupation, car l'accord absolu est souvent bien difficilement réalisable, sinon impossible.

Nos voisins les Anglais procèdent tout autrement. Comme au moyen âge, ils semblent ne s'inquiéter que de satisfaire dans ses moindres détails au programme imposé. Ils juxtaposent ou superposent les différentes parties du tout, sans paraître tenir compte du résultat visible final. Cela les conduit souvent à des compositions étranges, compliquées en apparence, mais dont tous les éléments sont cependant dans leur proportion relative nécessaire et à la place voulue. Il en résulte au dehors un entassement de choses, presque un désordre, qui motivent souvent un effet pittoresque imprévu, et, par suite, séduisant. Par contre, quand il s'agit de grandes

posant. C'est encore un dôme, s'accordant peu d'échelle avec les façades, qui marquait le milieu de la composition Renaissance de Sir Arthur Blomfield. Enfin, inspiré peut-être par les édifices des frères Adams à Édimbourg, M. Rowand Anderson présentait son musée en un massif trop sèchement classique, mais dont l'aspect froid, à vrai dire, convenait peut-être mieux que tous les autres à la manifestation d'un simple musée commercial sans intérêt artistique ou scientifique.

Un autre concours important et récent est celui qui a eu lieu pour la construction de nouvelles cours de justice à Birmingham. Cent trente architectes prirent part à une première épreuve. A la seconde épreuve, limitée à six concurrents, MM. Aston Webb et Ingress Bell furent choisis comme architectes du futur monument, aujourd'hui presque entièrement terminé.

Le monument de MM. Aston Webb et Ingress Bell présente un grand bâtiment accompagné de deux tourelles et contenant la salle principale éclairée par cinq grandes verrières. Deux bâtiments plus bas accompagnent ce corps principal, que précède sur « Corporation street » une galerie basse avec porche d'entrée. Il semble qu'il y a là quelque chose d'inspiré par l'abside de l'église Saint-Pierre à Caen, dont les intéressants monuments sont étudiés volontiers par nos confrères anglais. Cependant le monument de

compositions architecturales dans lesquelles l'expression artistique doit dominer certaines considérations de détail, les architectes anglais se trouvent le plus souvent fort peu préparés. Il leur manque une sorte d'éducation artistique générale et supérieure aux combinaisons de détail. Ils cherchent bien quelquefois dans leurs grands édifices à régulariser les aspects extérieurs en vue d'un effet d'ensemble; mais alors ces façades ainsi harmonisées ne concordent plus avec des intérieurs très subdivisés, inégalement fractionnés en surface et en hauteur, si bien que leurs monuments perdent alors leurs qualités de logique et de sincérité, sans rien gagner comme caractère esthétique. Nous ne pouvons ici que constater des tendances, des différences et des résultats, sans pouvoir, en quelques lignes, juger cette question si grave des plans en architecture.

Birmingham sera traité dans un style Renaissance simple et harmonieux, de caractère bien indigène[1].

Comme nous le disions précédemment, les vastes entreprises n'effrayent donc pas nos voisins, qui, d'autre part, multiplient et développent incessamment les institutions consacrées à l'enseignement. Ainsi, à Oxford et à Cambridge, plusieurs des vieux collèges de ces deux universités célèbres se sont agrandis et transformés pour satisfaire au nombre croissant des élèves et répondre aux exigences d'un enseignement de plus en plus développé. A Oxford, MM. Bodley et Garner ont ajouté un bâtiment important, très beau quoique simple, au « Magdalen College ». M. George Gilbert Scott a fait également au Saint-John's College des adjonctions d'une architecture sobre, mais pleine de recherche, et M. Jackson a presque entièrement renouvelé le collège de la Trinité. Les nouvelles constructions du Magdalen College et du Saint-John's College sont en gothique anglais, celles du collège de la Trinité sont en Renaissance, dite française là-bas. Je préfère de beaucoup à cette transplantation, qui fait perdre à notre art du XVIe siècle la plupart de ses délicatesses spontanées, l'emploi direct du style anglais du XVIIe siècle, que les architectes d'outre-Manche manient avec une extrême habileté. Ainsi nous estimons sérieusement les agrandissements du Pembroke College à Cambridge, par M. G. Gilbert Scott. Son « Master's Court » est dans le style classique dont nous parlons, mais avec des indépendances bien accentuées qui lui enlèvent toute banalité. C'est assurément cette architecture qui semblerait devoir convenir à la grande majorité des édifices publics en Angleterre, car elle peut se prêter

1. Le troisième concours devant donner à Liverpool une imposante cathédrale. Mais les projets demandés à MM. James Brooks, Bodley et Garner, et William Emerson, attendent encore un classement définitif.

FAÇADE EXTÉRIEURE DU PEMBROKE COLLEGE, CAMBRIDGE. — (M. G. Gilbert Scott, architecte.)

MASTER'S COURT, PEMBROKE COLLEGE, CAMBRIDGE. — (M. G. Gilbert Scott, architecte.)

facilement aux modifications nombreuses imposées par les besoins modernes, tout en conservant un caractère très local.

Toutefois, dans le « Brasenose College », M. Jackson, qui varie ses styles, s'inspire encore élégamment d'une période de transition entre le moyen âge et l'architecture dite Elizabethan. Car, il faut le remarquer, ces collèges n'ont aucun rapport avec nos collèges d'autrefois, que nous appelons aujourd'hui des lycées. Si, dans ces établissements maintenant transformés, on se préoccupe avec sollicitude de tout ce qui peut améliorer les conditions matérielles de l'habitation en commun et donner à l'élève, en même temps que l'instruction obligatoire, un peu du bien-être physique qui le dispose au sentiment de sa dignité morale, il ne s'ensuit pas qu'on y sacrifie aux aspects luxueux. Bien au contraire, une stricte économie s'imposant, les formes extérieures et architecturales y sont réduites à la manifestation des besoins intérieurs et à l'accentuation des moyens de construction. Il n'en est pas de même en Angleterre, où les collèges d'Oxford et de Cambridge n'ont rien de commun avec nos établissements universitaires, même plus le nom de collège. Dans les deux grandes universités anglaises, les collèges anciens et récents sont pour la plupart des créations royales ou seigneuriales, dans lesquelles leurs fondateurs ont voulu témoigner de leur générosité par des apparences magnifiques qui ont en général bien inspiré les architectes de ces édifices. Puis l'entrée de ces collèges n'est pas à la portée de toutes les bourses. Les étudiants appartiennent aux familles les plus nobles ou les plus aisées du Royaume-Uni, et leur existence dans ces vastes collèges, où chacun possède son petit *home* particulier, s'y partage entre les travaux réglementaires et les différents sports si à la mode parmi la jeunesse anglaise.

Rien d'étonnant par conséquent à ce que les constructions ré-

ÉCOLE SUPÉRIEURE A STIRLING. — ENTRÉE DE LA TOUR DE L'OBSERVATOIRE.

(M. S. M. Maclaren, architecte.)

centes des universités d'Oxford et de Cambridge ne le cèdent en rien aux vieux bâtiments dont nous avons déjà dit le mérite et la richesse au cours de ce travail.

Il en résulte toutefois qu'Oxford et Cambridge servant en quelque sorte de modèle aux autres établissements d'éducation ou d'instruction destinés à la jeunesse, tous ces établissements sont en Angleterre d'apparence plus luxueuse et en réalité plus confortables qu'en France, par cela même, nous le répétons, qu'ils sont plus souvent dus à l'initiative et à la générosité privées qu'à l'action administrative.

Ainsi, à Egham, le « Royal Holloway College », par l'ampleur de ses dimensions et l'importance de ses masses architecturales, semble ne le céder en rien aux plus vastes des collèges d'Oxford et de Cambridge. Élevé sur de larges terrasses garnies de balustrades, flanqué aux angles de son immense quadrilatère de pavillons à tourelles imposants, dominé sur les axes par des masses pyramidales, il présente l'aspect magnifique d'un palais, et l'on pourrait se demander avec curiosité à combien peut revenir la pension d'un étudiant dans une pareille résidence. Mais il s'agit là d'une école supérieure de jeunes filles, construite et dotée par un nommé Holloway, qui, chimiste, ou, pour dire vrai, pharmacien, ayant fait une fortune colossale en débitant quelques drogues renommées, a voulu, sans enfants, mettre à la disposition de jeunes filles choisies un établissement sans pareil. On ne saurait mieux faire.

Du reste, nous le répétons, chez nos voisins, que nous ne voulons souvent considérer que comme des gens positifs et pratiques, l'art est toujours invoqué, et on sait lui faire une place, petite ou grande, suivant les circonstances.

Nous voyons, à Stirling, la « High School » de M. Maclaren,

ÉGLISE DE S. PADERN.

architecte, s'ouvrir par une porte de réelle recherche, associant ensemble quelques ornements moyen âge avec des détails Renaissance. A Worcester, M. Aston Webb a construit les nouvelles « Sunday Schools » de façon simple et pratique, mais sans négliger une entrée d'angle assez monumentale.

Nous pourrions encore parler de l'École préparatoire du « Beaumont College » à Windsor, par M. John Bentley. Dans une architecture brique et pierre, cet architecte a encastré d'élégants motifs Renaissance qui donnent de la finesse à la masse des différents bâtiments. Plus moyen âge et plus sévère dans son séminaire de Saint-Thomas à Hammersmith, M. John Bentley offre là un très bon spécimen de construction en brique rehaussée de cordons et de cadres en pierre.

Car les architectes anglais possèdent d'une façon remarquable le sens de l'architecture monastique et religieuse. Respectueux de leur culte, qu'il soit protestant ou catholique, ils se pénètrent facilement du caractère, en quelque sorte mystique, qui doit se dégager d'un monument religieux. On peut assurément discuter la valeur artistique de leurs conceptions; mais, quelle que soit cette valeur, leurs édifices religieux, au dehors comme au dedans, expriment tout au moins le recueillement que doit inspirer le saint lieu.

A Hammersmith nous pourrions encore citer l'église des Saints-Innocents de M. James Brooks, en style XIIIᵉ siècle, sobre, presque rustique : cela évidemment de façon méditée qui affirme la simplicité d'un culte austère.

A Llanberis, dans le nord du pays de Galles, l'église de Saint-Padern nous présente un intérieur avec voûte en bois comme il en existe tant en Angleterre. Cette église, bien modeste par les dimensions, présente des détails de construction recherchés et combinés avec la science pratique habituelle à nos confrères anglais.

Plus riche assurément est l'église de la Sainte-Trinité à Chelsea, par M. John D. Sedding, qui s'inspire du style des Tudors. Mais, puisque les architectes anglais semblent, dans leur architecture religieuse, vouloir se limiter aux formes consacrées par la religion et la tradition, nous préférerions les voir choisir leurs édifices du moyen âge, qu'ils ont bien étudiés, pour en faire des imitations dont ils savent en général tirer très bon parti. Leur goût très prononcé de l'archéologie les porte à des restitutions archaïques qui éveillent la curiosité tout en favorisant l'expression du sentiment religieux. Avec le brillant de l'architecture des Tudors, avec l'élégance du style Elizabethan, au contraire, il faut renoncer à la sévérité qui convient à une église.

C'est assurément, comme nous l'avons exposé précédemment, dans l'architecture privée, dans l'habitation, que se révèle le mieux l'art si ingénieux de l'architecte anglais. Pénétré de la nécessité de satisfaire avant tout aux besoins et à l'agrément de la vie quotidienne, il ne recule devant aucune combinaison pour obtenir ce résultat. De là cette physionomie particulière de l'habitation anglaise dans laquelle l'architecture proprement dite est le plus souvent sacrifiée au confort et remplacée par les mouvements naturels de la construction parée d'un décor en quelque sorte indépendant.

Dans cet art de l'habitation, M. R. Norman Shaw tient toujours une place prépondérante. Nous avons déjà présenté quelques spécimens de ses intéressantes constructions. Nous avons particulièrement montré les dispositions à la fois décoratives et intimes de ses grandes cheminées. Elles semblent inviter la famille entière à se grouper dans l'enfoncement du chaud réduit qui forme une sorte d'aparté dans la pièce dont ces cheminées sont le plus important

FLETE, DEVONSHIRE. — LA BIBLIOTHÈQUE. — (R. Norman Shaw, R. A., architecte.)

GREENHAM LODGE, NEWBURY. — VUE DU HALL. — (R. Norman Shaw, R. A., architecte.

ornement. Nous en trouvons un nouvel exemple dans une bibliothèque du château de « Flete, Devonshire ». La grande cheminée
se trouve abritée sous un portique de colonnes en marbre qui forme
presque une petite pièce ouverte sur la bibliothèque même. Et ce
renfoncement possède deux petites fenêtres particulières qui permettent, les pieds sur les chenets, de jouir de la vue extérieure. Il y
a là une disposition à la fois très pratique, très agréable, et d'un joli
effet décoratif. Comme on le voit, M. R. Norman Shaw n'hésite
pas à introduire un vrai motif de style Renaissance accentuée au
milieu du prosaïsme d'un intérieur tout fait de commodités modernes. Mais cet imprévu met d'autant plus en valeur ces colonnettes
ioniques, cette frise richement sculptée, sur lesquelles se repose le
regard, charmé par le souvenir lointain d'une souriante époque
d'art disparue.

Une vue du Hall de « Greenham lodge, Newbury » nous mon-
trera encore un de ces intérieurs si bien aménagés par M. R. Norman
Shaw. On y retrouve cette disposition habituelle aux maisons anglaises par laquelle l'escalier qui dessert les étages supérieurs fait
corps avec l'habitation inférieure. L'escalier ouvert sur le hall en
semble la continuation naturelle. Inutile de dire que ces sortes
d'escaliers, par nature peu discrets, sont réservés à l'usage des
maîtres du logis et ne sauraient convenir aux besoins répétés du
service, assuré d'autre part [1].

Dans cette étude, déjà bien longue, de l'architecture moderne
en Angleterre, nous n'avons cependant parlé qu'incidemment de

1. On pourra bientôt juger du talent de M. R. Norman Shaw sur un édifice de
tout autre caractère. Nous voulons parler de la nouvelle Préfecture de police
Metropolitan Police Office) que cet architecte est en train d'élever pour remplacer celle de Scotland Yard, sur l'emplacement choisi il y a dix ans pour une grande
salle d'opéra entreprise, mais depuis longtemps déjà abandonnée.

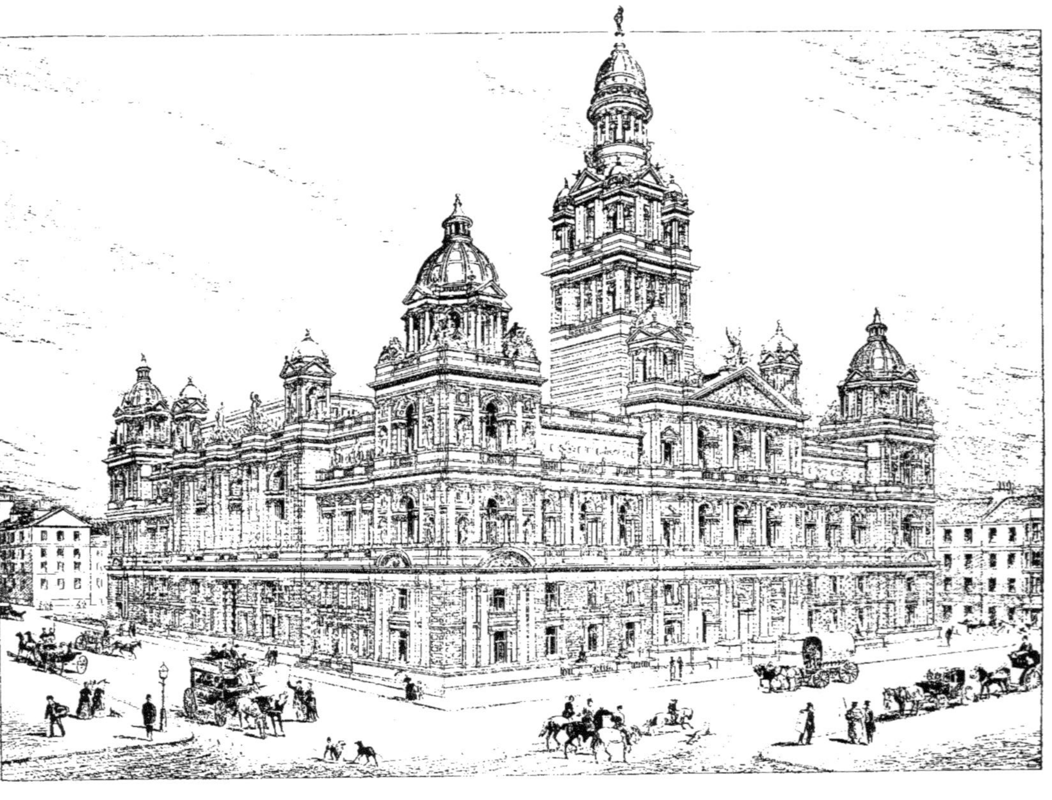

HOTEL DE VILLE A GLASGOW. — (M. William Young, architecte.)

l'architecture écossaise. Nous ne saurions finir sans en dire quelques mots. C'est que l'architecture en Écosse n'a pas suivi le mouvement de rénovation et de transformation si remarquable en Angleterre. On y est à peu près resté fidèle aux études faites au commencement du siècle, d'après les monuments grecs ou romains les plus classiques. L'architecte Alexander Thomson, qui occupa en Écosse une haute situation, a eu une grande influence sur le style de tous les monuments construits depuis cette époque; si bien que, pour perpétuer la mémoire de cet architecte célèbre, une société écossaise a fondé à Glasgow « The Alexander Thomson Travelling Studentship », encourageant ainsi les jeunes élèves à étudier les ouvrages de cet architecte renommé en son pays. Nous ne saurions toutefois leur recommander l'église de Thomson au « Queen's Park ». Cet édifice pseudo-grec, pseudo-égyptien, massif, étrange, semble fort dépaysé sur les rives de la Clyde, et les jeunes architectes de Glasgow feront bien d'aller chercher ailleurs des modèles. Ce n'est assurément pas là le genre d'architecture qui convient à l'Écosse. Toutefois, l'action de Thomson a été si pénétrante et durable qu'elle explique comment ce pays n'a pas encore suivi l'exemple qui lui était donné par les architectes anglais pour mieux approprier ses constructions aux besoins modernes et aux exigences de son climat.

Le nouvel Hôtel de ville de Glasgow (Municipal buildings), par M. William Young, présente un type complet d'architecture classique qui superpose les ordonnances de façon un peu lourde, mais puissante aussi et non sans effet. Une haute tour domine le tout, comme d'usage. C'est assurément un bel édifice, qui fait honneur à la ville qu'il décore et à l'architecte qui l'a conçu.

Parmi les architectes qui tiennent en Écosse une place importante par la valeur de leurs travaux, nous pourrions encore citer

MM. Douglas et Sellars, celui-ci décédé il y a quelques mois. Nous sommes heureux aussi de nommer M. J. J. Burnet, dont le Musée de peinture et plusieurs autres édifices élevés sous sa direction à Glasgow témoignent des sérieuses études faites par lui à notre École des Beaux-Arts de Paris [1].

Mais ce n'est pas l'influence de notre École que nous devons rechercher en Angleterre ou en Écosse, si excellent que puisse être son enseignement : ce que nous avons voulu, au contraire, c'est faire connaître les caractères particuliers et indigènes de l'architecture moderne en Angleterre, et signaler les mérites spéciaux des œuvres de nos confrères étrangers. L'étude que nous en avons faite ne saurait être que profitable si on s'applique à en dégager le sentiment général de logique et de sincérité qui en constitue le principal intérêt, car la logique dans la conception de l'œuvre et la sincérité dans les moyens d'exécution sont les seules bases certaines de toute architecture vraiment recommandable.

1. Nous aurions voulu également faire connaître l'Université construite à Edimbourg par M. Rowand Anderson. Mais il n'a pas été possible de nous procurer une reproduction de cet édifice important ou des autres travaux de cet architecte écossais.

NOTA

Les gravures contenues dans ce volume ont été empruntées, en dehors des dessins originaux des artistes indiqués, aux revues et journaux d'art anglais : *The Architect*, — *The Builder*, — *The Building News*, — *The British Architect*

A PARIS

DES PRESSES DE D. JOUAUST

RUE DE LILLE, 7

M DCCC XC

OCCVPA-
PORTVM
IOV AVST